BOURDANNÉ,
L'HOMME ET L'ŒUVRE

BOURDANNÉ,
L'HOMME ET L'ŒUVRE

Sous la direction de Barka Kamnadj

Publié en 2025 par LivresHippo, une marque éditoriale partagée entre :
- Centre de Publications Évangéliques, 08 B.P. 900 Abidjan 08, Côte d'Ivoire
- Presses Bibliques Africaines, 03 B.P. 345 Cotonou, Bénin
- Éditions CLÉ, B.P. 1501 Yaoundé, Cameroun
- Excelsis Diffusions, 385 chemin du Clos 26450 Charols, France
- Langham Partnership PO Box 296, Carlisle, Cumbria, CA3 9WZ, Royaume-Uni, www.langhampublishing.org
- Conseil des institutions théologiques d'Afrique francophone (CITAF), B.P. 684 Abidjan, Côte d'Ivoire, www.citaf.org

Numéros ISBN :
978-99982-2-505-3 Format papier
978-1-78641-194-5 Format ePub
978-1-78641-195-2 Format PDF

British Library Cataloguing in Publication Data

A catalogue record for this book is available from the British Library

Mise en page : Centre de Publications Évangéliques

Couverture : projectluz.com

Dépôt légal : N° 16984 du 23 avril 2025 ; Bibliothèque nationale du Bénin.

ISBN : 978-99982-2-505-3

PRÉFACE

OSER PORTER L'ESPÉRANCE

Il y a quelques années, le philosophe et théologien camerounais Fabien Eboussi Boulaga publiait chez Karthala un livre, *À contretemps, L'enjeu de Dieu en Afrique*[1]. Dans ce livre, il affirme que « la rencontre du christianisme et de l'Afrique n'a pas une forme et une signification unique. Elle est une aventure ambiguë dont le sens est toujours en suspens, parce qu'elle ne nous laisse pas indemnes, parce qu'elle nous transforme[2] ». Cette transformation, comme il le relève si bien, peut produire des monstres, mais dans d'autres cas, elle engendre « une parole chrétienne ou de Dieu qui soit en même temps prise de responsabilité de soi de l'Africain[3] ». Daniel Kadébé Bourdanné était l'une des figures emblématiques de cette prise de responsabilité de soi de l'Africain.

L'une des figures emblématiques

Daniel K. Bourdanné était pour moi l'archétype ou l'une des figures emblématiques de cette prise de responsabilité de soi de l'Africain, non dans une démarche de repli sur soi, mais dans une sorte de co-production d'un savoir-vivre de soi vers soi et de soi vers l'autre, quelles que soient la couleur de sa peau et même sa religion, et le tout grâce au limon fertile de la terre d'Afrique transformée par le Christ. Daniel Bourdanné était caractéristique de la volonté de faire jaillir de la terre d'Afrique un projet d'espérance.

La volonté d'un projet d'espérance

Sa trajectoire d'immigré sur le sol de son continent et de l'étranger adopté sur les différents terroirs du monde, ses engagements en tant

---

[1] Fabien Eboussi Boulaga, *À contre temps, L'enjeu de Dieu en Afrique*, Paris, Karthala, 1991.

[2] *Ibid.*, p. 127.

[3] *Ibid.*, p. 258.

qu'étudiant chrétien et responsable étudiant dans des campus de plusieurs pays africains, ses différentes responsabilités tant au niveau africain que mondial dans les Groupes bibliques universitaires (GBU), sans oublier ses autres engagements variés dans le champ de mission, sa production intellectuelle multiple et variée, marquée par son désir de prendre à revers toutes les idées reçues témoignent de sa volonté de faire jaillir de la terre d'Afrique un projet d'espérance au milieu des ténèbres de l'imprévisibilité de notre monde. Si, comme le relève si bien Fabien Eboussi Boulaga, tout nous ramène à Dieu, il faut dire que rien ne peut nous parler de Dieu et témoigner pour lui, de son projet pour notre temps, qu'une vie aussi accomplie que celle de Daniel K. Bourdanné. La vie et la praxis parlent mieux que les discours.

La vie marquée de la praxis

Toute vie humaine est toujours une constellation de sens et à plus forte raison lorsqu'elle est une vie accomplie. Chacun l'interprète et l'analyse en fonction de son angle de vue, de son ressenti et de son vécu. Le présent ouvrage n'échappe pas à cette loi. Les différents textes regroupés dans cet ouvrage sont marquants par leurs authenticités, leurs densités, leurs hétérogénéités et leurs richesses. Ils sont tous irradiés par le désir commun de rendre témoignage et de faire connaître.

Seulement, le message qui devrait en découler, ce n'est ni la détresse sans fin ni la résignation, mais la perspective d'une espérance pour la terre d'Afrique qui a vu naître Daniel, l'a vu grandir, l'a façonné et l'a conduit à la maturité tant sur le plan spirituel qu'intellectuel. Daniel n'était pas le fruit de l'Occident mais de l'Afrique. C'est en cela qu'il fut porteur d'espérance. Non, la terre d'Afrique n'est pas maudite. Elle peut ensemencer et produire le meilleur à partir du substrat de la Parole de Dieu : L'espérance à oser porter, absolument.

L'espérance ici et maintenant

Comme l'écrit si bien Jacques Ellul, « l'espérance n'est pas un renvoi dans l'avenir mais une force active maintenant… Porter l'espérance c'est donner courage à l'homme d'aujourd'hui pour vivre[4] ».

---

[4] Jacques Ellul, *Ellul par lui-même, Entretiens avec Willem H. Vanderburg*, Paris, La table ronde, 2008, p. 157, 160.

Puisse la lecture de cet ouvrage nous donner la certitude et le courage d'oser vivre un christianisme transformateur sur cette terre d'Afrique engluée dans les miasmes de nos reniements et qui font de la figure de l'autre un ennemi, un obstacle et non un frère. Un certain dédain et même un vrai mépris émergent de plus en plus des milieux intellectuels africains vis-à-vis de la religion chrétienne. Elle est souvent accusée de « trahison » par ses accointances et son albinisme devant les pouvoirs, responsables en grande partie du mal de notre continent par la violence et la terreur qu'ils génèrent. De même, le désir manifeste des hiérarques des Églises chrétiennes à devenir eux-mêmes des pouvoirs et non des serviteurs comme le prescrit le Christ, contribue à faire émerger et à développer ce sentiment de rejet.

Puissions-nous avoir le courage et oser vivre notre engagement chrétien, à telle enseigne que même les plus incrédules et les plus sceptiques disent qu'une autre Afrique est possible, et qu'il y a de l'avenir et de l'espérance pour ce continent. Ce faisant, nous aurons rendu le plus bel hommage en mémoire de ce grand homme que fut Daniel Kadébé Bourdanné.

En sa mémoire, osons porter l'espérance !

Emmanuel Tchumtchoua
HDR, Bordeaux-Montaigne
Professeur titulaire des Universités
Ancien président du CSN des GBEEC
Cameroun

INTRODUCTION

Le 6 septembre 2024
    « *Le coq chante, le jour paraît* »
Le soleil se lève sur Swindon.
Là-bas, en Angleterre
    « *De ce côté de l'autre côté* »
La nouvelle tombe comme un caillou
Comme un caillou sur la tête :
L'Africain mondial vient de s'éteindre
L'étoile filante du Tchad achève la course
    « *Pierre, poussière* » !
L'horizon s'assombrit
L'atmosphère s'alourdit
L'on retient son souffle
Et partout ailleurs
Les témoignages fusent[5].

Les témoignages fusent

Les témoignages qui fusent de part et d'autre, c'est non pas pour faire l'éloge de Bourdanné (1959-2024), mais pour rendre grâce à Dieu qui l'a déployé parmi les humains pour accomplir ses desseins dans sa génération et pour édifier le corps du Christ qu'il a servi du Tchad au Royaume-Uni en passant par le Togo et la Côte d'Ivoire, avec abnégation, humilité, intégrité, générosité, entre autres.

Djikolngar Maouyo dépeint Bourdanné comme « un missionnaire non conventionnel » dont la vie et le service missionnaires faisaient honneur à Dieu et du bien au prochain. Du Tchad au Royaume-Uni en passant par le Togo et la Côte d'Ivoire, pendant ses études et même

---

[5] Poème de Barka Kamnadj, auteur de la présente introduction.

bien après, il s'engagea à la solde du Christ avec confiance, sur fond d'appel et de miracle de Dieu.

Solomon Andria trouve qu'il offrait « un modèle de vie » à imiter et donnait un exemple à suivre par un engagement fervent pour la juste cause, lequel est imprégné d'humilité à travers sa grande personnalité. Il avoue que de la culture tchadienne à la « pluri-culture, Daniel n'était pas un leader célèbre. Il ne le souhaitait d'ailleurs pas. Il était plutôt un modèle inspirant ».

Michel Kenmogne fait découvrir en Daniel « une vie de toute richesse », une vie d'un humble géant contemporain de la foi, qui « appartenait à cette catégorie de personnes dont Dieu gratifie l'humanité avec mesure ». Disciple de Jésus-Christ, leader-serviteur et ambassadeur de l'Afrique, il en faisait preuve avec de la hauteur au grand dam de toutes limites d'humain.

Gabriel N. Moussanang apprécie « une vie de service maximal », propre à « un tribun des temps modernes », se déployant de l'Angleterre, « sillonnant l'espace universitaire du monde entier, prêchant Jésus-Christ, crucifié, mort et ressuscité, [ayant déjà à trois ans] une expérience personnelle et réelle de résurrection après une mort de plusieurs dizaines de minutes ! »

Chantal Yoa Téhé porte ses regards sur « un grand homme à bien des égards ». Elle trouve en Daniel un *yaya* spirituel à la faveur d'une relation d'amour sans arrière-pensée ni hypocrisie, pouvant cogiter constructivement pendant plusieurs heures ! Elle écrit que Daniel « voulait que le leader africain puisse faire attention aux détails et travailler à atteindre les objectifs ! »

Pour Abel Ngarsouledé, « l'homme était entièrement consacré à l'œuvre », comme pour faire référence à cet impératif : « Tu seras entièrement (consacré) à l'Éternel, ton Dieu » (Dt 18.13, Colombe). Daniel était déterminé à témoigner de Jésus-Christ aux uns, à partager l'amour de Dieu aux autres, jusqu'au bout. Il savait écouter, compatir, réconforter.

Pour Tim Adams, « l'homme et l'œuvre faisaient bon ménage ». Il pense que dans le ministère chrétien, on rencontre parfois des personnes dont le « ministère est plus qu'une simple série d'actions : il devient une extension de leurs valeurs, de leur personnalité et des principes selon lesquels ils ont vécu. Daniel Bourdanné était de ces personnes ». Sa vie en était l'illustration.

Clément Sianka rend un hommage appuyé à « un grand frère, mentor et confident », qui l'avait vu naître. Il s'étonnait que « l'un des grands intellectuels de [leur] communauté [moundang] ayant son doctorat soit plutôt pasteur et engagé à ce niveau pour la cause du Christ ». À l'initiative de Daniel, ils ont fait établir des actes de naissance à 200 enfants de N'Djamena.

Abel Ndjerareou retient de Daniel « un grand petit frère » qui aimait l'appeler respectueusement « grand frère ». Décryptant les chemins inattendus empruntés, le ministère en tandem de mission accomplie et inachevée, il interpelle quiconque « peut se souvenir d'une expérience quelconque avec Daniel à agir pour continuer ce qui est inachevé et continuer à innover ».

Augustin Cossi Ahoga décrit « un collègue-chef » qu'il a rencontré pour la première fois dans un camp de GBU à Lomé (Togo) en 1982. Impressionné par « sa taille extraordinaire », il pensait avoir à faire à un des fils de son grand-père « dont tout le monde vantait la taille de 2,05 m ». Il relate de quoi Daniel était capable de par une analyse comparative avec le caméléon.

Hubert Djimasra Djélar voit « un leader aimable et serviable ». À ses yeux, « Daniel était un leader animé d'un sens d'humilité au point de se rabaisser jusqu'au bas de l'échelle pour ne pas aller à l'encontre de son message ni de la Parole de Dieu. Daniel était une personne qui passait beaucoup de son temps à écouter ses interlocuteurs en vue de répondre à leurs attentes ».

Joanna Ilboudo pointe vers « un serviteur admirable et admiré » et atteste : « Daniel était un homme qui forçait l'admiration par son leadership empreint d'humilité, d'une volonté d'être libre dans sa manière de parler et surtout par le fait qu'il faisait preuve d'une influence qui impactait son entourage ». Il était son « Barnabas », une source d'encouragement dans le ministère féminin.

Barka Kamnadj met le viseur sur « un ami de tous les jours », un ami dans tous les sens, en lien avec Nangor (1954-2022) qui avait devancé Bourdanné (1959-2024) d'à peine deux ans dans l'éternité. Il pense aussi que « Bourdanné ne doit pas mourir » en dehors de son Tchad natal qui l'a « rejeté » et il bénit l'Angleterre, son pays de mission, où il se repose de ses œuvres.

Grand frère Mbairodbbee Njegollmi vante de son petit frère « un engagement sacrificiel », à la faveur d'un post de Dieudonné Tindano qui souhaitait un joyeux 67ᵉ anniversaire à l'UJC du Tchad, au nom de l'UGB du Burkina dont il est le secrétaire général. Il l'a ainsi qualifié pour « nous inspirer, nous qui sommes encore dans le champ de Dieu, "sur la terre des vivants" » !

Rachelle Dasylva, épouse Ndione, et Minga Ndjerareou, dans « Des rencontres qui font mouche », partagent l'expérience édifiante et encourageante de la rencontre qu'elles ont faite du grand frère et oncle Bourdanné, d'une rencontre à l'autre. Elles expriment leur reconnaissance à Dieu et font éclater leur joie d'avoir été à ces rencontres et d'être « ministrées » par Daniel.

« Autour du feu », où Kesias Garba, épouse Djikoloum, et Job Kagdom Magourna, sont culturellement et traditionnellement assis en soirée, Barka Kamnadj les fait parler « en mémoire de deux amis de longues dates, deux frères qui avaient beaucoup de choses en commun : Samuel Djikoloum Magourna (1956-2024) et Daniel Kadébé Bourdanné (1959-2024) ».

Pierre Ezoua fait parler Piair et Zwa de « l'éternel itinérant ». Ces « deux anciens chroniqueurs du journal *Le Réformateur chrétien* des années 2000, s'entretiennent du souvenir d'un des fondateurs de ce magazine d'information qui a circulé dans toute l'Afrique francophone à une période donnée... ». Bourdanné, l'éternel itinérant, est enfin arrivé au bout de son itinérance !

De par sa mort et son inhumation à Swindon du côté de l'Angleterre, Bourdanné, cet Africain mondial d'origine tchadienne nous a tous pris à contre-pieds, comme dans les tirs aux buts en football. Moussanang avoue que Daniel lui a même fait un pied de nez. Alors le Dieu souverain nous donne l'occasion, à travers le présent ouvrage, d'en tirer l'enseignement et d'en apprendre la leçon, les yeux sur le message à l'affiche.

Le message à l'affiche

Bourdanné s'en est allé pour l'éternité !
Le 7 octobre 2024
La poussière est retournée à la poussière
La poussière de la terre de mission
Bien loin de la terre natale.
Pèlerin sur cette terre
Accueilli au ciel
Pays de lumière, séjour éternel !
Le port, là-haut...
Le port, c'est le doux rivage
Où cesseront tous nos pleurs,
Où de Jésus-Christ l'image
Ravira nos cœurs.
Qu'importe donc la souffrance,
Jésus vient ! levons les yeux !
Bien près est la délivrance.
Ils s'ouvrent les cieux[6] !

Barka Kamnadj
Directeur de l'ouvrage
Tchad

---

[6] Poème de Barka Kamnadj. Les lignes en italiques sont tirées du chant « Pèlerin, sur cette terre », recueil *Chants de Victoire* n° 268, 1er et 4e couplet.

UN MISSIONNAIRE NON CONVENTIONNEL

Le dialogue entre Philippe et Nathanaël au sujet de Jésus-Christ me vient à l'esprit quand je pense à Daniel. « Peut-il venir de Nazareth quelque chose de bon ? » (Jn 1.46, LSG), telle était la question que Nathanaël, quelque peu perplexe, posa à Philippe. Nazareth était un petit village obscur dans la région septentrionale de la Galilée en Israël. C'était à cet endroit que les parents de Jésus choisirent de résider de leur retour d'exil en Égypte et d'y élever leur premier fils. Ce coin caché d'Israël n'était pas connu comme berceau de grands dirigeants hébreux dans le domaine politique, militaire ou religieux. Et la réponse de Philippe était simple : « viens et vois ». Daniel était l'expression et le fruit d'un appel de Dieu.

Un appel de Dieu

Dans le même esprit, il est raisonnable de se poser la question suivante : peut-il venir de Malanegomé au Tchad profond quelque chose de bon ? Le Tchad est l'un des pays les plus pauvres du monde, constamment en proie aux calamités naturelles, aux rivalités ethniques et politiques et à un délabrement économique au fil des ans. Et c'est de ce pays que Dieu a choisi un jeune homme pour le servir comme missionnaire en Afrique et ailleurs dans le monde entier. La seule puissance qu'il avait derrière lui et avec lui pour cette mission n'était pas l'aura de son pays, de sa famille, de son groupe ethnique ou même de son éducation dans les universités africaines ; c'était Dieu lui-même. Oui, beaucoup en ont été témoins dans la vie et l'œuvre de Daniel Bourdanné.

Comment Daniel a-t-il obtenu la confiance de l'Union internationale des groupes bibliques universitaires (UIGBU), communément connue sous le nom en anglais d'International Fellowship of Evangelical Students (IFES), pour la diriger pendant douze ans ? Il était le premier Noir à servir comme secrétaire général de l'IFES depuis sa fondation à Boston, aux États-Unis en 1947. Il avait servi avec passion, joie, intégrité – une intégrité non négociable – mais aussi avec révérence et crainte exaltée de Dieu. Et son itinéraire professionnel était exceptionnel, surtout pour quelqu'un qui vient du Tchad et, comme beaucoup de ses compatriotes, d'une famille modeste. Les Églises protestantes au Tchad n'ont pas d'agence missionnaire comme celles d'Europe, d'Amérique, d'Australie et d'ailleurs. Cependant, Dieu s'est servi des étudiants tchadiens comme missionnaires ; parmi ceux-là, il a choisi Daniel pour jouer un rôle unique dans l'histoire de l'Église dans le monde. Cette distinction n'est pas accidentelle ; c'est un miracle de Dieu.

Pour beaucoup d'entre nous, Daniel est entré prématurément dans la gloire céleste. Nous avons le sentiment que Dieu l'a appelé au bercail trop tôt. Mais le cas de Daniel n'est pas unique ; qu'on se souvienne de Jean le baptiseur, le précurseur de Jésus-Christ ou bien de Jacques, le frère de Jean, l'un des douze disciples que Jésus a choisis pour être avec lui selon les récits des Évangiles. La vie de ces deux personnages bibliques aussi a été coupée court. C'est seulement dans la perspective biblique de la souveraineté de Dieu qu'on peut comprendre et accepter ces départs « prématurés » de Jean-Baptiste, Jacques, bien d'autres, et récemment de notre cher frère et parent Daniel Bourdanné.

Daniel a combattu le bon combat ; il a achevé la course que le Seigneur lui avait assignée ; il a gardé la foi en ce Dieu qui l'avait tant aimé, malgré les circonstances qui auraient pu miner sa confiance en Dieu et son allégeance à Jésus-Christ. Le témoignage que Daniel nous offre est celui d'un homme imperturbable dans sa foi en Christ : pendant ses études, dans son ministère et pendant sa brève retraite, et de façon plus éloquente encore, avec la nouvelle d'un diagnostic médical d'un double cancer des poumons et du sang. C'est un miracle de Dieu.

Un miracle de Dieu

En février 1979, quand la guerre civile a éclaté à N'Djamena, la capitale tchadienne, Daniel et moi étions encore en première année d'études en sciences naturelles à la faculté de sciences de la seule université du Tchad. Par naïveté ou simple détermination déraisonnable, nous étions allés à l'encontre de la ferme recommandation du doyen de la faculté des sciences, nous disant de rester sur le campus jusqu'à ce qu'il y ait une clarté sur la situation au centre de la ville. Daniel et moi avions pris nos mobylettes pour rentrer chez nous. Nous ne savions pas que nous traversions des zones de danger durant tout notre parcours.

À un certain point, nous avions vu une grosse fumée et nous avions bifurqué pour prendre un autre chemin et rentrer. Nous avions appris plus tard que quelques minutes avant notre arrivée à la Fontaine de l'Union, il y avait eu un grand massacre de vies humaines, et juste après notre passage, il y avait eu une deuxième vague de massacre. Cette brève pause de violence qui nous permit de passer sans achopper sur une seule balle de fusil était en soi un miracle de Dieu. Nous nous étions séparés sans savoir, chacun, ce que l'autre était devenu.

En décembre 1980, encore par une intervention miraculeuse de Dieu, nous étions parmi les 89 sur 250 anciens étudiants de l'Université du Tchad, choisis par tirage au sort pour bénéficier d'une bourse d'études du Fonds Européen de Développement pour achever nos études au Togo. Contre toute attente, Daniel et moi avions réussi à nos examens pendant cette année académique, malgré le taux de succès d'environ 9 % en première année à l'école des sciences. Cette surprenante réussite était pour nous un mégaphone nous rappelant que notre aventure à l'Université du Bénin – actuelle Université de Lomé, était un don généreux de Dieu. Certes, nous n'avions ménagé aucun effort pour nous rattraper, mais nous nous étions confiés en Dieu pour notre vie en terre étrangère ainsi que nos études. Et pour nous, travailler avec ardeur, loin de tous les plaisirs que nous aurions pu nous permettre, était la meilleure façon de connaître la volonté de Dieu. Nous avions donc rejeté la proposition d'une année blanche, dite année d'adaptation, de réinsertion à la vie normale après 20 mois de traumatisme associé à la guerre civile.

Daniel avait continué ses études avec le même élan, en se soutenant par son travail ; il faisait tout avec la même ardeur et ténacité jusqu'à obtenir son doctorat en écologie tropicale. Nous pensions tous retourner au Tchad pour partager notre expérience de vie et d'études à l'étranger afin d'aider les générations qui nous ont suivis. Mais l'appel missionnaire de Daniel aux Groupes bibliques universitaires d'Afrique francophone (GBUAF) a tout changé : son bref séjour, pour faire la maîtrise en Côte d'Ivoire, s'était étendu sur plusieurs années. Seul Dieu savait qu'un jour Daniel allait le servir au niveau international dans le cadre de l'IFES et des autres mouvements évangéliques.

En 2019, Daniel avait décidé de quitter son poste de secrétaire général de l'IFES et s'en était allé pour dire ses adieux à l'assemblée mondiale de l'IFES à Bella-Bella en Afrique du Sud. La décision de mettre un terme à son ministère international relevait plus d'un désir intime que de l'attraction d'un autre emploi peut-être plus rémunéré : il voulait tout simplement passer les dernières années de sa vie avec son épouse Halymah, la servir et l'encourager dans tous ses rêves aussi bien que ceux de leurs enfants. Daniel avait une profonde conviction de l'amour de son épouse et de ses enfants. Même dans les dernières semaines de sa vie dans ce monde, il rayonnait de joie en me parlant de sa femme et s'émerveillait de la réalité que Dieu nous ait accordé la grâce d'épouses pieuses, intelligentes, capables de nous soutenir dans nos entreprises jonchées de risques et de nous défendre ainsi que nos causes. Il rayonnait aussi de joie en parlant de ses enfants, avec une profonde humilité pour ce qu'ils sont et ce qu'ils ont accompli, car il savait que tout cela, en particulier sa famille, est une grâce de Dieu pour quelqu'un qui vient d'un des pays les plus pauvres du monde. C'est un miracle.

Daniel était conscient du fait de jouir de l'amour de la grande famille de l'IFES ; cet amour était mutuel. Il savait que ce grand amour avait déclenché une saison de prière à l'échelle globale pour sa guérison et que Dieu avait entendu toutes ces prières. Pendant ma visite, à un mois de son décès, Daniel me rassurait qu'il était en paix avec la décision de Dieu : que ce soit de prolonger sa vie de quelques années ou de le rappeler à lui maintenant. Il fallait beaucoup de témérité pour accomplir ce qu'il avait pu faire au niveau de la grande famille des GBUAF et plus tard de l'IFES. Avec un cœur plein de reconnaissance, il avait fait tout ce qu'il s'était résolu à faire ; et il voulait aussi passer le bâton aux plus jeunes dirigeants du monde entier. Il croyait profondément qu'aucun serviteur de Dieu n'est indispensable et il s'était donc préparé à quitter son emploi dans ce but, et dans le meilleur des cas, pour la gloire de Dieu.

L'influence des femmes dans le ministère de Daniel

Il m'était difficile de concevoir l'idée qu'un jeune homme voulait sentir bon. Daniel avait un goût pour de bons parfums et il en avait acheté quelques bouteilles. Dans la petite dépendance que nous avions louée au Togo, nous pensions faire de la principale chambre une chambre à coucher et de l'antichambre une salle d'études. Mais ce plan a été rapidement mis de côté parce que nous ne pouvions pas nous accorder sur l'usage de parfum pour agrémenter la salle d'études.

Étant tous les deux inflexibles et déterminés dans nos attitudes pour ou contre l'usage de parfums, nous avions décidé de faire un compromis : Daniel pouvait prendre la chambre principale où il pouvait se parfumer *ad libitum* et l'antichambre serait pour moi. Comment Daniel avait-il pu développer un tel goût pour les parfums de bonne odeur ? Ce n'était certainement pas un intérêt nouvellement acquis à l'arrivée au Togo. S'il y a quelques indices d'explication, je les dois à l'une de mes tantes maternelles qui était convaincue que j'avais besoin de parfum. Lors d'une de mes visites pendant mes années d'études secondaires au Tchad, sans demander mon avis, ma tante m'aspergeait spontanément de parfum de bonne et forte odeur. Elle était ravie d'avoir réussi son coup. La question que je me pose souvent est la suivante : aurais-je pu atteindre ce niveau d'appréciation de parfum comme Daniel si je vivais avec ma tante pendant quelques années ? Est-ce que Daniel était confortable avec les parfums parce que sa maman ou ses tantes l'avaient habitué à jouir des parfums de bonnes odeurs ?

Cette histoire de parfums témoigne de l'amour, du respect et des relations proches que Daniel avait avec sa mère. Cette attitude de respect de Daniel vis-à-vis de sa mère, certainement une femme de caractère, s'était transposée dans ses relations avec des femmes aux fortes personnalités qu'il avait rencontrées plus tard pendant nos études universitaires. On se régalait des propos véridiques et directs de notre secrétaire d'étude biblique, Ann, qui plus tard deviendrait mon épouse. Daniel aimait les discours clairs, la communication sans ambigüité ; il était aussi capable de déceler les intentions et les besoins inexprimés. Cette perspicacité, ajoutée à la patience et une extraordinaire capacité d'écoute avaient permis à Daniel de venir à la rescousse de ceux que Dieu avait mis sur son chemin.

Son mariage avec Halymah avait été l'aboutissement d'une longue préparation de vie et de travail avec des femmes aux fortes personnalités, parfois intimidantes, mais qui savaient gérer leur influence pour la gloire de Dieu. Halymah, docteure en médecine, dont l'excellence dans la pratique médicale a été reconnue dans les centres hospitaliers d'Oxford, est devenue l'interlocutrice et le soutien dont Daniel avait besoin. Sa confiance absolue en Christ, mais aussi sa confiance en elle, produisent en elle, par la puissance du Saint-Esprit, une grande humilité, une indéfectible intégrité, un doux et désarmant franc-parler, un sens profond d'engagement communautaire et de service aux plus vulnérables. Dans le mystère du mariage, on le sait, chaque conjoint a une profonde influence sur l'autre. Le Seigneur a ainsi mis dans la vie de Daniel une épouse de son calibre qu'il pouvait écouter avec amour et respect. Si la promotion des femmes dans le ministère de l'UIGBU était un thème important et récurrent dans le ministère de Daniel, on le doit en partie à ces trois femmes de Dieu : la mère de Daniel, Ann Maouyo et son épouse Halymah dont la discrète influence est incommensurable. Daniel était par ailleurs un administrateur précoce.

Un administrateur précoce

Daniel était un bon gestionnaire des fonds de notre Groupe biblique universitaire (GBU) de Lomé. Il servait comme trésorier du groupe et il s'était organisé pour nous permettre de contribuer, de façon régulière, au soutien financier des GBUAF. Le montant d'argent n'était pas sans importance ; mais ce que Daniel visait, c'était d'initier et de développer une habitude, une tradition de donner dans le groupe. Ainsi, à la sortie de l'université, les membres du groupe biblique seraient bien préparés à penser bien au-delà de leurs églises locales, à inclure d'autres organisations chrétiennes dans leurs engagements financiers. Nos compatriotes étudiants savaient qu'ils pouvaient compter sur sa compassion, sa miséricorde et sa générosité en temps de crise financière : il achetait toujours des tickets supplémentaires pour les repas dans le seul restaurant universitaire de Lomé, ceci pour permettre à certains de pouvoir manger à satiété quand les circonstances l'imposaient. Il était d'une perspicacité au-dessus de tout soupçon.

Une perspicacité au-dessus de tout soupçon

Les relations que Daniel avait pu tisser avec les mouvements nationaux lui avaient permis d'apprécier, d'une manière très palpable, les défis de l'Église du Christ. Le manque d'unité parmi les dirigeants des groupes bibliques ou de certaines Églises constituait un réel fardeau pour lui – des divisions qui n'étaient pas le résultat de divergences sur le plan doctrinal, mais qui trouvaient leurs racines dans des considérations ethniques ou tribales. Et pour l'enseignant qu'il était, ces crises relationnelles au niveau des institutions chrétiennes reflétaient la médiocrité de la connaissance du Christ et des Écritures. Elles ne sont pas nouvelles ; toutes les lettres de Paul aux premières Églises du réseau méditerranéen traitent des tensions, même dans les Églises apostoliques. Malgré cela, pour Daniel, présenter Christ au monde était sa joie ; son engagement était plein d'enthousiasme vis-à-vis de son Seigneur, avec l'espoir que sa proclamation de l'Évangile contribuerait au bien-être des nations.

L'autorité de la Bible réverbérait toute la vie de Daniel. À tort ou à raison, nous avions la ferme conviction que la méthode inductive d'étude biblique que nous avions apprise dans les groupes bibliques devait être enseignée à toutes les générations pour équiper les saints et aider les Églises à croître dans la foi pour le progrès de l'Évangile. La méthode inductive d'étude biblique a été la plus grande formation scientifique que nous ayons eue. Nous croyions que tous les étudiants, en maîtrisant cette approche de l'étude biblique, devaient l'appliquer dans tous les domaines de leur vie – notamment dans leurs disciplines académiques respectives.

Conclusion

Daniel était un miracle de Dieu, un missionnaire non conventionnel. Cela a été pour moi un privilège d'avoir accompagné dans sa croissance spirituelle un géant, à tous points de vue, et d'avoir été témoin de ses œuvres et de ses derniers jours sur la terre. À Dieu soit la gloire pour le don qu'il nous a fait en Daniel : le don d'un géant dans toute sa plénitude !

Djikolngar Maouyo
Directeur de gestion et président de PyroDex,
Ancien secrétaire itinérant des GBUAF (1985-1988).
Tchad/États-Unis

UN MODÈLE DE VIE

Notre frère et collègue Daniel Kadébé Bourdanné a été rappelé à Dieu le 6 septembre 2024. Certes, la souffrance due à la séparation est indescriptible, mais la joie est grande : Daniel s'en est allé à 65 ans après avoir accompli son ministère. Il avait un trésor à partager à la postérité, vu son parcours particulier et son message original. Il était un étudiant itinérant : de N'Djamena (Tchad) à Abidjan (Côte d'Ivoire) en passant par Lomé (Togo) à cause de la guerre civile des années 1979 et 1980 au Tchad. Ensuite, il était devenu ouvrier de Dieu auprès des étudiants en Côte d'Ivoire, en Afrique francophone, en Angleterre et dans le monde entier. Il avait comme outil dans son ministère le livre[7], l'enseignement et la prédication à travers les différentes cultures. Bref, il avait incarné un modèle de leader à travers les cultures et les langues, entre la génération des aînés et celle des cadets.

Daniel était l'homme qui laissa une grande richesse spirituelle à la postérité. Il était l'ouvrier de Dieu, le frère dans la grande famille, le messager dans un modèle de vie, l'homme aux petites phrases pleines de sens et le leader inspirant.

L'ouvrier de Dieu

Ma première rencontre avec Daniel a eu lieu à Lomé lorsque j'étais secrétaire régional des Groupes bibliques universitaires d'Afrique francophone (GBUAF) en visite au GBU du Togo au début des années 1980. Il était alors étudiant, trésorier du mouvement togolais. Il assurait ainsi la logistique de ma visite ! C'est de cette manière que Dieu nous a préparés à devenir de proches collaborateurs dans la même mission, la mission d'accompagner spirituellement les étudiants en Afrique francophone pendant des années.

Après ses études à Lomé jusqu'à la maîtrise, il débarqua à Abidjan pour poursuivre ses études universitaires. Comme détail important, il passa la première nuit abidjanaise chez nous ! Il était étudiant parmi les

---

[7] Il était constamment sur un livre.

étudiants, assistant aux études bibliques du GBU, ensuite ami du GBU après la défense de sa thèse de doctorat en Myriapode et enfin secrétaire itinérant aux GBUAF. Il me succéda au poste de secrétaire régional des GBUAF en juin 1995. Vu son profil, son cheminement avec Dieu, il était tout à fait logique qu'il devienne secrétaire général de l'IFES par la suite. Passer du ministère estudiantin en Afrique au ministère dans le monde, passer de la culture tchadienne à la « pluri-culture » lui était facile. Daniel donnait ainsi l'exemple de l'inculturation. En fait, il ne s'agit pas pour lui de « théoriser » l'inculturation, de développer un discours sur la culture, mais d'avoir la volonté d'adopter le mode de pensée et même le langage du milieu d'accueil sans renier son identité africaine, tchadienne ! Il n'était étranger dans aucune culture. C'était le frère dans la grande famille.

Le frère dans la grande famille

Nos relations allaient au-delà des GBU. Nous étions comme dans une même famille ! Étant beaucoup plus grand de taille que moi, il m'appelait avec humour dans la culture ivoirienne « petit grand frère », avec un grand sourire, et je l'appelais « grand petit frère ». La distance qui nous séparait ne pouvait pas être un obstacle à notre fraternité à la fois africaine et chrétienne. Je me rappelle encore une phrase réconfortante dans une de ses dernières lettres quand je lui faisais part de mes douleurs dues à l'âge, dues à un nouveau mode de vie à Madagascar quand je devais prendre ma retraite à 70 ans. Il m'a écrit le 24 juillet 2024 : « Grand frère, ne te fais pas vieillir outre mesure. » Et pourtant, sa santé était mise à l'épreuve et il devait voir régulièrement son médecin. Il sentait dans ma lettre une plainte sans mesure, je murmure ! Il était le messager dans un modèle de vie.

Le messager dans un modèle de vie

Daniel était « un homme du livre ». La lecture faisait partie de sa vie. Ainsi, il avait accès à plusieurs domaines, en particulier à la théologie, à plusieurs cultures et langues et à plusieurs modes de pensée. Il connaissait objectivement les réalités sociales, culturelles et spirituelles de notre monde actuel. La création d'une institution de formation, appelée Centre africain du christianisme contemporain (CACC), montre sa vision d'aider la postérité à la formation personnelle par le livre, à découvrir soi-même les grandes vérités et à les connaître pour les faire connaître aux autres.

Certes, je l'ai considéré comme un enseignant communiquant clairement les grandes vérités, un prédicateur apportant le message de Dieu avec clarté et autorité, un dirigeant d'étude biblique aidant les étudiants à découvrir le message de Dieu dans une péricope donnée. Mais il était avant tout un interlocuteur, sachant écouter pour aider. Pour lui, le dialogue, c'est avant tout l'écoute de l'autre. Il me fait penser à « l'oncle John Stott » qui encourageait « la double écoute », l'écoute de Dieu et l'écoute du monde.

A-t-il laissé un message ? Ce qu'il a laissé, ce n'est pas un livre, même s'il en a écrit, ni un discours théologique. C'est plutôt un modèle de vie, car il était porteur de la lumière de Dieu dans sa vie quotidienne. Sa vie fait penser à la parole de Jésus aux disciples : «Vous êtes la lumière du monde » (Mt 5.14, LSG). Nous éclairons et dirigeons les autres, les étudiants en particulier par la lumière que nous avons reçue de Dieu. Daniel en a fait l'expérience ! En d'autres mots, en tant que disciples de Jésus, nous ne sommes pas source de lumière, mais nous reflétons la lumière de Dieu autour de nous pour éclairer et indiquer le chemin qui conduit à Dieu. Daniel était par ailleurs l'homme aux petites phrases.

L'homme aux petites phrases

Daniel était l'homme aux petites phrases pleines de sens. Sa vie peut être décrite par quelques citations de lui ; en voici quelques-unes :

- « Le mariage est un don de soi » : C'est une phrase qu'il a dite dans une cérémonie de mariage où il était le prédicateur. Il s'oppose discrètement à l'idée de mariage par intérêt.

- « Grand frère, ne te fais pas vieillir » : C'est un conseil qu'il m'a donné lorsque je me plaignais outre mesure dans une lettre à mon retour au village pour la retraite ; il fait comprendre que la vieillesse est dans l'ordre de la nature. Il faut l'assumer. C'est par manque de reconnaissance à Dieu que nous râlons dans la vieillesse.

- « Étrangers, car notre vraie patrie est ailleurs » : Son expérience de serviteur itinérant est enrichissante. La vie ici-bas est comme une métaphore qui fait comprendre qu'elle est courte mais fait penser à la vraie vie dans la cité céleste. Les croyants, surtout les serviteurs, sont dans la marche vers la cité céleste, leur vraie patrie. Dans cette marche, nous nous posons des questions comme des étrangers !

- « Exilés, nous le sommes tous, nous avons perdu la finesse de certains réflexes (de nos pays d'origine) » : étant loin de son pays natal, depuis l'année 1979 où la guerre encourageait des étudiants à se former ailleurs, il était conscient des défis de l'adaptation ou de la réadaptation quand il visitait le Tchad. Un Tchadien en visite au Tchad ! C'est étrange, mais Dieu accorde la grâce de reconnaître ce qui est précieux dans le pays natal. Daniel était le type de leader inspirant.

Le leader inspirant

Le cheminement géographique de Daniel est comme une parabole de son ministère itinérant : du Tchad au Togo, du Togo en Côte d'Ivoire, de l'Afrique en Europe (Angleterre). Et de l'Angleterre au monde entier ! La dernière étape ? C'est à la nouvelle Jérusalem où il sera avec le Seigneur des seigneurs, chantant Alléluia avec les élus qui nous ont devancés.

Daniel n'était pas un leader célèbre. Il ne le souhaitait d'ailleurs pas. Il était plutôt un modèle inspirant. Je prie qu'il y ait davantage de Daniel au Tchad, en Afrique francophone et au-delà dans ce monde de confusion, dans l'actuel paradigme où il y a de plus en plus de grands chefs, fiers de leurs performances et exploits, mais où il y a de moins en moins de serviteurs qui inspirent et incarnent un modèle de vie. Je puis imaginer ce que le Seigneur lui dit le 6 septembre 2024, avant qu'il ferme les yeux pour l'Éternité : « Bon et fidèle serviteur, entre dans la joie de ton Maître. »

Conclusion

Les lecteurs des Presses Bibliques Africaines (PBA) sont bien familiers de la série « L'homme et l'œuvre » de LivresHippo. Car les jeunes en Afrique voudraient bien suivre l'exemple d'un dirigeant, connaître son modèle de vie, etc. C'est pourquoi l'occasion nous est donnée, à moi et à tant d'autres, de partager par écrit ce que nous avons retenu concernant notre frère et collègue Daniel Kadébé Bourdanné : des faits qui nous ont parlé, des anecdotes inoubliables sur la fraternité, des échanges de vue, des enseignements reçus de lui, etc. L'idée c'est donc de communiquer à la postérité un message qui interpelle, forme et transforme par sa biographie. Il ne s'agit pas de faire des éloges de Daniel, mais de communiquer ce que nous avons appris de lui.

Solomon Andria
Secrétaire régional des GBUAF (1980-1995)
Ancien professeur de Théologie systématique à la FATEAC, Abidjan
Ancien coordonnateur de LivresHippo, Langham Partnership
Madagascar

UNE VIE DE TOUTE RICHESSE

Daniel Kadébé Bourdanné appartenait à cette catégorie de personnes dont Dieu gratifie l'humanité avec mesure. Car de tels hommes sont une espèce rare dans notre monde. Et je compte cela comme un privilège d'avoir fait la connaissance de Daniel lors du IXe congrès triennal des GBUAF de 1992 à Douala (Cameroun). Il était alors un jeune secrétaire itinérant de la région francophone de l'IFES et se distinguait par sa taille de sahélien. À cette époque, j'étais un jeune fonctionnaire de mon pays et n'imaginais pas que je le rejoindrai dans l'aventure de l'annonce de l'Évangile quelques années après. Notre compagnonnage connut une proximité deux décennies plus tard lorsque j'intégrais le conseil d'administration de l'IFES en 2011. Entrant dans l'intimité de la riche vie de ministère et de famille de Daniel, je débutai, sans le savoir, une école dont l'impact transformationnel restera inoxydable sur ma vie. L'espace alloué dans le cadre de cet ouvrage est certes inadéquat pour m'étendre sur cette expérience unique en son genre. Mais j'évoquerai trois marques de la vie de Daniel qui ont le plus retenu mon attention : le disciple du Christ, le leader, l'Africain.

Le disciple de Jésus-Christ

Un mois avant son décès, j'ai passé un week-end avec Daniel et sa famille à Swindon en Angleterre. À ce moment-là, il était visiblement diminué sur le plan physique. Et sa voix de stentor qu'on avait toujours connue, montrait des signes de faiblesse. Mais dans cette tente passagère se trouvait une âme fort passionnée pour le Christ et un esprit bien disposé, constant et pertinent dans l'œuvre du Maître. Il surpassa ses limites physiques et surmonta ses douleurs pour passer de longues heures d'échanges avec moi. De sa voix fébrile, il me disait : « Michel, voici que je ne peux même plus prêcher. » Je me rendais compte que pour Daniel, vivre c'était suivre le Christ et partager le message du salut et de son royaume avec le plus grand nombre. Je voyais ainsi une cohérence parfaite dans sa vie. Il avait inscrit sa vie dans la tradition du sacrifice que d'autres avaient consenti pour qu'il reçoive l'Évangile. Quelques années auparavant, lorsqu'il évoqua la vie des premiers missionnaires américains de l'Église fraternelle luthérienne qui avaient prêché l'Évangile dans son village, il se souvint que l'un d'eux avait perdu et inhumé son épouse dans son village. L'évocation de ce souvenir le fit fondre en larmes et il me disait : « Voilà les souffrances que d'autres ont endurées pour que l'Évangile parvienne jusqu'à nous. » Il était résolu à vivre selon les principes de cet Évangile et à le transmettre fidèlement à d'autres. Et Dieu lui en avait donné l'opportunité, non seulement en Afrique, mais dans le monde entier.

J'ai observé davantage la fidélité de Daniel à l'Évangile pendant ses quatre années de maladie. Au cours de celles-ci, nous avions pris l'habitude d'avoir des conversations régulières et de prier ensemble. Jamais je n'ai vu en Daniel un homme accablé par ses souffrances ou remettant en question l'amour et la présence de Dieu. Le refrain d'un cantique bien connu dit : « Jusqu'au bout je veux te suivre, dans les bons, les mauvais jours, à toi pour mourir et vivre, à toi, Jésus, pour toujours[8]. » Daniel avait traversé ces années de maladie avec une dignité et une espérance qui ne peuvent découler que d'une vie qui a trouvé sa source dans le Christ. Sa façon de vivre la maladie avait exercé un ministère tout aussi puissant sur les gens que les nombreuses années de son service actif. Je regrette qu'il n'ait pas pu achever le projet de livre qu'il avait commencé sur le thème de la souffrance en tant que chrétien, en s'inspirant de sa propre expérience.

Le 4 août 2024, il me disait que plusieurs lui ont demandé de se rendre dans un certain pays pour qu'un « homme de Dieu » prie en vue de sa guérison. Sans dérision, il avait répondu que plusieurs hommes de Dieu priaient déjà pour lui à travers le monde entier. Et il s'était souvenu de la puissance souveraine de Dieu qu'il avait vue en 2002 à l'ouverture du XIIe et dernier congrès triennal des GBUAF à Bamako (Mali). Le pays souffrait d'une longue période de sécheresse qui décimait toutes les formes de vie. Il avait alors, en tant que secrétaire régional de l'IFES/Afrique francophone, invité toute l'assistance qui comprenait les autorités du gouvernement à se lever en vue de prier pour demander à Dieu d'envoyer la pluie. Lorsqu'il éleva sa voix pour prier, Dieu fit tomber une pluie torrentielle sur toute la ville, au grand étonnement de toute l'assistance. Ce disant, il affirmait la souveraineté de Dieu qui est tout-puissant pour le guérir ou le ramener dans son royaume. Il était absolument prêt à toute éventualité. En effet, comme

---

[8] « La voix du Seigneur m'appelle », *Chants de Victoire* n° 180.

Paul, il pouvait affirmer sans sourciller : « Christ est ma vie et la mort m'est un gain » (Ph 1.21, Colombe).

J'ai vu son épouse Halymah et les enfants vivre dans la même quiétude, quand bien même tout semblait noir. Ils étaient restés rayonnants et confiants dans le Seigneur dont ils pouvaient toujours confesser la fidélité comme nous l'avions fait ensemble dans un profond moment d'adoration le 4 août 2024 en chantant malgré les larmes :

> Toute ma vie, tu as été fidèle. Toute ma vie, tu as été si bon. Chaque fois que je le pourrai, je chanterai la bonté de Dieu. J'aime ta voix. Tu m'as conduit à travers le feu. Dans les nuits les plus sombres, tu es proche comme nul autre. Je t'ai connu comme un père, je t'ai connu comme un ami, j'ai vécu dans la bonté de Dieu[9].

Daniel a vécu et est mort comme un authentique témoin de l'Évangile. De nombreux missionnaires qui se sont rendus en Afrique y ont été enterrés parce qu'ils sont morts sur leur champ de mission. Le choix de Daniel d'être enterré à Swindon (Royaume-Uni) et non dans son Tchad natal est prophétique de la mission inverse au XXIᵉ siècle. Il interpelle l'Église africaine sur sa responsabilité de porter l'Évangile sur un continent européen qui perd rapidement ses fondements spirituels et religieux. Ce choix est enfin un rappel permanent à sa famille et à tous, de génération en génération, que Daniel Bourdanné est mort au Royaume-Uni où il était en mission pour servir Jésus-Christ et contribuer à l'avancement de l'Évangile.

Le leader humble

« John Maxwell est bien connu pour avoir dit "celui qui croit mener mais n'a pas de suiveurs, ne fait que se promener !"[10] ». Vu sous ce prisme, Daniel a été un leader exceptionnel dans sa génération, au contraire des influenceurs qui recrutent des suiveurs en masse sur les réseaux sociaux. Son leadership de proximité était inspiré de l'exemple de Jésus-Christ, de l'apôtre Paul et de beaucoup d'autres dans les

---

[9] Ce chant s'appelle « The Goodness of God ». Il a été composé par Jenn Johnson, Ed Cash, Jason Ingram, Ben Fielding et Brian Johnson en 2018 et fait partie de l'album Bethel Music's Victory. Il a été interprété par plusieurs groupes dont Cece Winans. La traduction en français est celle de l'auteur du présent chapitre.

[10] Dan Reiland, *Amplified Leadership. Five Practices to Establish Influence, Build People, And Impact Others for A Lifetime*, Lake Mary, Florida, Charisma House, 2011, p. 42. La traduction en français est celle de l'auteur du présent chapitre.

Écritures. Il n'est pas possible d'écrire extensivement sur son leadership en quelques pages. Mais j'ai retenu de Daniel ce qui suit.

Motivé par la vision du royaume de Dieu

Lorsque je devins responsable de la SIL[11] Internationale, j'étais submergé par l'immensité de ce que je devais lire pour être à jour concernant les réalités sur la planète. Demandant conseil à Daniel, il me disait sans ambages que je trouverais dans la Bible tout ce qui me serait nécessaire si je gardais mes yeux tournés vers Jésus-Christ et son royaume. Et il le disait en partant de son propre exemple. Au cours de mes neuf années dans cette responsabilité, je me suis rendu compte combien son conseil était judicieux et approprié. Daniel était convaincu que ce monde est déchu et qu'aucun système humain – même le plus évolué ou sophistiqué – ne peut satisfaire les exigences de la perfection du royaume de Dieu. Car Jésus nous a enseigné à prier : « Que ton règne vienne ! » (Mt 6.10, LSG). Daniel avait incarné cette vision du royaume et avait aidé les étudiants dans le cadre de l'IFES et beaucoup d'autres dans le monde à l'embrasser.

Un mentor

En 2013, Joshua Bogunjoko fut installé comme premier directeur international – d'origine africaine – de la SIM[12]. Daniel me fit part de la nouvelle avec une grande joie. Il était en effet heureux de voir un autre fils du continent le suivre dans l'espace du leadership de la mission d'envergure mondiale. Lorsque deux années plus tard je fus désigné dans la même fonction au sein de la SIL Internationale, Daniel initia une rencontre avec Joshua et moi au sud de la France. Pendant deux jours, nous nous étions assis à ses pieds pour apprendre de son expérience en tant que devancier. Nous avions prié ensemble et avions résolu de garder une redevabilité mutuelle pour rester fidèles à nos appels respectifs et exceller dans notre leadership. L'année suivante, constatant que le Seigneur appelait d'autres Africains à un niveau similaire de responsabilité, nous avions élargi le cercle. Depuis lors, nous nous retrouvions chaque année et nous avions tenu nos rencontres au Nigeria, au Cameroun, au Kenya et au Ghana. Ce groupe est devenu le principal cadre de soutien et d'encouragement mutuels de tous ceux qui

---

[11] Société internationale de linguistique.

[12] Société internationale missionnaire, devenue Service international missionnaire.

en font partie. À ce jour, il comprend les personnes suivantes : Joshua Bogunjoko (SIM), Mutua Mahiaini et Bullus Bossan (Navigateurs), Fred Dimado (Pionniers), Daniel Ole Shani (Portes Ouvertes), Michel Kenmogne (SIL), Dondo Iorlamen (CAPRO[13]), Yaw Perbi (Lausanne), Peter Tarantal (OM[14]) et Femi Adeleye (Langham Preaching). Pour nous, Daniel n'avait pas été juste un pair dans le leadership, mais plutôt un mentor. Notre dette à son égard reste la rédaction de ce livre que nous avions projeté pour restituer une perspective africaine du leadership, basée sur nos expériences inspirées de notre contexte originel d'Afrique.

Un travailleur acharné

Au cours de ma dernière rencontre avec Daniel, nous nous étions séparés un soir autour de minuit pour aller chacun au lit. Le lendemain matin, j'hésitais à aller vers lui avant 8 h du matin, estimant qu'il lui faudrait du temps pour se reposer de la longue veille précédente. Lorsque je le rencontrai enfin, il me disait qu'il était réveillé depuis 5 h du matin. Dans une blague, il me déclara que la maladie ne changeait pas les habitudes acquises depuis des décennies. En effet, Daniel avait pris l'habitude de se lever tôt pour chercher Dieu dans la prière et la Parole, pour dévorer les livres dont il raffolait, mais aussi pour écrire, car il était un auteur prolixe. La crédibilité de Daniel comme leader ne résultait pas seulement de sa stature morale et spirituelle, mais aussi et surtout de son aptitude à conduire ceux qui le suivaient de façon confiante vers les finalités recherchées. Aucune personne paresseuse ne peut apporter un tel leadership, car cela est nécessairement une fonction de la profondeur du travail que le leader s'impose lorsqu'il est loin des foules. En cela, la vie de Daniel m'avait toujours stimulé à secouer l'inertie et à rejeter toute forme de complaisance dans mon service pour Dieu et pour l'humanité.

Une personne intègre

Depuis des décennies que je connais Daniel, je ne l'ai jamais vu fluctuer. Loin de moi d'affirmer qu'il était un surhomme. Au plus fort de sa maladie, il avoua qu'il arrivait des jours où il ne savait même pas comment prier en raison de l'accablement de la douleur et de la confusion qui l'envahissait souvent. Cependant, l'ancre de sa vie

---

[13] Calvary Productions, devenue Calvary Ministries.
[14] Opération mobilisation.

était profondément fixée sur Jésus-Christ et sur la Parole de Dieu. Dans la maladie comme dans l'état de bonne santé, constantes étaient sa joie, sa paix, son espérance, sa passion pour parler de Christ et son empathie pour le prochain qu'il plaçait toujours avant ses soucis personnels. Mahatma Gandhi (1869-1948) avait affirmé : « Ma vie est un tout indivisible, et toutes mes activités s'imbriquent les unes dans les autres [...] Ma vie est mon message[15]. » Ce n'est pas un abus de langage que d'affirmer la même chose au sujet de Daniel chez qui on pouvait noter en tout temps une congruence entre sa pensée, ses paroles et ses actions. À une époque où le manque de cohérence entre la foi et la vie du peuple de Dieu est devenu le principal obstacle à l'impact de l'Évangile, la vie de Daniel était un modèle d'intégrité. Dans tous ses engagements publics ou privés, universitaires, ministériels ou autres, sa foi s'était traduite par une recherche constante de l'excellence, de l'harmonie et de la beauté qui reflètent le Dieu trinitaire en qui il avait placé sa confiance dès son jeune âge.

Un homme libéré de la vaine gloire

Au sein du conseil d'administration de l'IFES, nous avions été pris de cours par une décision de Daniel qui sortait d'un temps sabbatique en 2017. Nous lui avions donné ce repos pour refaire ses forces afin de continuer l'excellent travail de leadership qu'il apportait à l'organisation depuis dix ans. Mais quelle ne fut notre surprise lorsqu'il nous informa qu'ayant pris le temps d'écouter Dieu, il avait résolu de se décharger de sa responsabilité lors de l'assemblée mondiale de 2019. Il nous laissait ainsi une marge de temps suffisamment ample pour rechercher et nommer son successeur et faire une bonne transition de leadership. La suite de sa vie lui donna raison, car en 2020, contre toute attente, on lui diagnostiquait un cancer qui mit un terme à sa vie terrestre au bout de quatre années. On a eu l'habitude de voir des leaders africains s'accrocher et s'arc-bouter au pouvoir, même quand l'âge ou l'efficacité commande qu'ils cèdent la place à d'autres. Par sa décision, Daniel avait exprimé sa foi dans le Dieu qui est l'ultime Maître de la mission. Qui plus est, il avait donné une leçon magistrale de transition au leadership dans un contexte où l'on a vu des institutions tomber en décadence à cause des successions malheureuses au sommet.

---

[15] M. K. Gandhi, *Gandhi's Life in His Own Words. My Life is My Message*, compilé par Krishna Kripalani, publié par Navajivan Publishing House, p. 4, disponible sur : https://www.mkgandhi.org/ebks/ownwords.pdf. La traduction en français est celle de l'auteur du présent chapitre.

Il me semble que nos dirigeants d'Églises, d'organisations publiques ou privées doivent en prendre note. Pour y arriver, il est question de se libérer de la vaine gloire qui captive l'homme, et de trouver son identité et sa sécurité en Christ.

L'ambassadeur de l'Afrique

Daniel incarnait et représentait dans sa seule personne l'Afrique presqu'entière. Il était né au sein du groupe ethnique moundang, une tribu transfrontalière entre le Cameroun et le Tchad. En conséquence, sa famille se retrouve aussi bien au Tchad qu'au Cameroun où il avait passé une partie de son enfance. Les études l'avaient amené tour à tour au Togo et en Côte d'Ivoire qui était devenue son pays de résidence et bien plus, il avait adopté un enfant du Togo. Son épouse est Nigérienne avec une mère nigériane. Son ministère lui avait permis de développer des liens amicaux et affectifs avec tous les pays du continent en général et d'Afrique francophone en particulier. Daniel pouvait se revendiquer le titre d'Africain plus que toute autre personne. Et il l'avait démontré de diverses manières.

Fier de l'Afrique

Daniel portait fièrement son africanité déjà par son vestimentaire qui, en plus de sa haute prestance, le distinguait partout où il se retrouvait. Le contexte de pauvreté de son pays natal et ses origines modestes auraient poussé certains à se renier. Mais dans ses interventions comme dans ses écrits, on peut toujours découvrir une personne dont la vision du monde était forgée par l'Afrique. Pendant plusieurs années de son service comme responsable de l'IFES, il avait eu toutes les tracasseries de voyage en raison de son passeport tchadien qui figure parmi les moins prisés du monde. En fin de compte, c'était avec la mort dans l'âme qu'il avait consenti à prendre un passeport britannique pour des raisons d'efficacité dans le ministère. Lorsque je l'avais rencontré un mois avant son décès, il m'avait dit combien il était poursuivi par de multiples rêves dans lesquels il se retrouvait dans son village natal au Tchad. Dans son incapacité physique de faire un déplacement, il me confiait que son esprit cherchait certainement à refaire la boucle dans son itinéraire de vie. À une époque où les fils du continent meurent dans la Méditerranée à la recherche du mieux-être, la vie de Daniel est un exemple de la foi dans le continent africain. Elle interpelle la jeunesse africaine à s'approprier dans leur contexte la maxime de J. F.

Kennedy (1917-1963) et à la reprendre ainsi : « Ne demandez pas ce que l'Afrique peut faire pour vous, demandez plutôt ce que vous pouvez faire pour l'Afrique[16]. »

Porte-parole de l'Afrique

Dans un village planétaire qui s'apparente de plus en plus à une jungle où les forts dévorent les faibles, Daniel était soucieux de porter la voix et la contribution africaines dans l'espace globalisé du monde. Il était convaincu que le livre constitue l'un des moyens par excellence pour véhiculer les idées. Il avait traduit cela en s'engageant dans l'édition aux PBA, une maison qui maintient le flambeau évangélique dans l'espace francophone du continent. Non seulement il avait promu l'édition, il avait également produit des écrits véhiculant des réflexions originales sur des problématiques particulières à l'Afrique. À l'évidence, son livre, *Trois mariages pour un couple,* dénonce la superposition de trois héritages (traditionnel, religieux et administratif) qui alourdit le mariage. En cela, il propose une solution contextuelle pour libérer les jeunes du fardeau économique qu'engendre la célébration du mariage. Depuis 2019, son dernier combat était de faire entendre la voix de l'Afrique à travers Africa Speaks, une organisation qui promeut la publication des ouvrages d'auteurs africains et dont il siégeait au conseil d'administration.

Conclusion

Au demeurant, Daniel aura vécu une vie riche pour Dieu et pour les hommes. L'héritage qu'il laisse aux vivants, en Afrique et dans le monde entier, est incommensurable. En cela, il avait tracé devant nous tous le chemin de la véritable grandeur. Celle-ci est le fruit d'un engagement sincère à marcher humblement avec Dieu et à rechercher sa gloire en toutes choses. Puisse la grâce de Dieu nous aider à relever un tel défi à notre tour !

Michel Kenmogne
PCA de l'IFES
Directeur exécutif de la SIL Global
Cameroun/Allemagne

---

[16] La citation d'origine est : « Ne demandez pas ce que votre pays peut faire pour vous. Demandez ce que vous pouvez faire pour votre pays », J. F. Kennedy, Discours inaugural, 20 janvier 1961.

UNE VIE DE SERVICE MAXIMAL

Les chemins entre Daniel Bourdanné et moi-même se sont rarement croisés, tant physiquement que virtuellement ! Ces rares rencontres comprennent notamment le congrès national de l'Union des jeunes chrétiens (UJC) du Tchad à N'Djamena en 2015, la conférence panafricaine des GBUAF à N'Djamena en 2016 et lors de la vidéo-conférence de 2020, au plus fort de la pandémie de Covid-19. Mais Daniel me connaissait depuis ses années de l'UJC au Tchad et sûrement pendant ses années des GBUAF à Abidjan où, un peu plus tôt, avec des amis ivoiriens et tchadiens, nous avions essuyé en 1967-1968, les premiers plâtres de ce qui allait engendrer ce premier mouvement chrétien panafricain francophone, concomitamment avec l'Université de Dakar ! En cela, j'ai un lien commun avec Daniel Bourdanné et Djikolngar Maouyo, qui ont laissé eux aussi leurs empreintes au Togo, tandis que moi, j'ai continué mon parcours « gbussien » en France après la Côte d'Ivoire en octobre 1971 ! Je retiens de Daniel l'image d'un tribun des temps modernes.

Un tribun des temps modernes

Pour revenir spécifiquement à Daniel Bourdanné, lors de ses interventions, en particulier sur la crise de Covid-19, il avait marqué nos esprits par ses connaissances hors du commun, comme il l'avait montré aux deux précédentes rencontres de N'Djamena et partout où il prenait la parole devant un aréopage d'étudiants[17]. C'était un tribun des temps modernes !

L'homme était de contact chaleureux, simple, courtois ; ce qui favorisait évidemment les relations avec les étudiants dont il était le pasteur universel, depuis les GBUAF (Abidjan, Côte d'Ivoire), premier tremplin, jusqu'à l'UIGBU/IFES, en Angleterre, deuxième tremplin, pour parcourir le monde entier.

---

[17] Les vidéos de ses interventions sont là pour l'attester !

Ce fut donc depuis l'Angleterre qu'il se déployait, sillonnant l'espace universitaire du monde entier, prêchant Jésus-Christ, crucifié, mort et ressuscité, lequel lui avait permis de réaliser une expérience personnelle et réelle de résurrection après une mort de plusieurs dizaines de minutes[18] ! Et je regrette encore aujourd'hui d'avoir manqué ses interventions au congrès des GBU et Lycéens (GBUL) de France en 2006, pour raison professionnelle, interventions remarquées dont les participants n'avaient pas tari d'éloges en son honneur ! Daniel était aussi un missionnaire passionné !

Un missionnaire passionné

Certes, lors de ses voyages missionnaires, il n'avait pas prêché qu'aux étudiants, mais aussi aux notables comme l'avait fait avant lui l'apôtre Paul qui parcourait le monde païen : l'Arabie, la Grèce, Chypre, Malte, l'Asie Mineure (Turquie), l'Italie (Rome) ; mais, pourquoi ? Pour :

- Instruire des individus qui deviennent ses enfants spirituels (Timothée, Tite…) ;
- Instruire de petits groupes de responsables, annoncer l'Évangile en privé à ceux qu'il appelle « des plus considérés », les notables de la société ;
- Proclamer l'Évangile à des foules (du côté de l'aréopage à Athènes, Actes 17) ;
- Prêcher cet Évangile du Christ aux simples d'esprit, aux pauvres, aux esclaves (épître révolutionnaire à Philémon).

Ainsi, il couvrait par l'Évangile toutes les couches de la société de son temps ; il était sans cesse en mouvement, il courait, sachant l'urgence de la mission, de manière à « ne pas courir ou avoir couru en vain » (Ga 2.2, LSG). Comme Paul et Daniel, oserions-nous parler de l'Évangile à nos chefs de canton, aux conseillers municipaux, aux maires, députés, ministres, premiers ministres, voire aux présidents de républiques, etc. ? Cela me fait penser au déjeuner auquel S. E. M. Payimi Padacké Albert, alors premier ministre du Tchad, a invité le secrétaire général de l'IFES, autrement dit, Daniel Bourdanné, et quelques personnalités étrangères présentes au congrès de l'UJC de 2015, parmi lesquelles j'ai eu l'honneur de figurer.

---

[18] D'après un de ses témoignages.

À cette occasion, tout en présentant chacun de nous au premier ministre, il avait expliqué le rôle de chacun, tout en précisant l'importance de la Parole de Dieu qui unit les hommes et femmes pour un destin commun, le royaume de Dieu, qu'il faut vivre et proclamer parmi les étudiants, futurs cadres de chaque nation dont le Tchad, et bien d'autres mots précisant son propre rôle au sein de cette génération de jeunes et moins jeunes du monde entier, par la grâce de Dieu.

Et il avait rendu ce témoignage sans trembler, non pas parce que le premier ministre était de la tribu moundang comme lui, mais par la force et l'assurance de l'Esprit en lui et qui rendait témoignage de Jésus-Christ à cette haute personnalité de l'État. N'est-ce pas ce que l'apôtre Paul demandait à l'Église d'Éphèse, de le soutenir par la prière pour que « lorsqu'[il] ouvre la bouche, la parole [lui] soit donnée pour faire connaître avec assurance le mystère de l'Évangile » (Ep. 6.19, S21)? Dans cette optique, Daniel était un porteur de message universel.

Un porteur de message universel

Ce fut certainement la dimension de ce message universel de l'Évangile du Christ (Mt 28.19-20) que portait et proclamait le pasteur Daniel, que voulait exprimer Lindsay Brown, son prédécesseur, sur le chemin que parcourait le cercueil de Daniel vers le cimetière le 7 octobre 2024! Il disait en substance: « Dites au Tchad que le message de Daniel s'adressait au monde entier. » J'admire l'humilité et la justesse du jugement de Lindsay, mon ami avec qui j'ai partagé non seulement les bancs de la Faculté libre de théologie évangélique de Vaux-sur-Seine (France), avec Ann, son épouse, mais aussi d'autres moments conviviaux durant l'année universitaire 1981-1982 et plus! En effet, je gardais leur appartement à Colombe (près de Paris) pendant les vacances d'été quand ils partaient passer les vacances en Grande-Bretagne...

Cette dimension de l'homme citoyen du monde de Daniel avait été, en effet, fortement démontrée, à la surprise générale, par son choix de se faire enterrer là où il vivait, en Angleterre; or, sa grande famille, ainsi que la plupart des Tchadiens, s'attendaient à organiser des funérailles monstres sur sa terre natale! Impossible aux frères, sœurs, oncles, tantes, etc., de se recueillir au pied de son cercueil, ni voir son visage pour la dernière fois; toutes les demandes de visas d'entrer en Angleterre ayant été refusées, malgré la bonne volonté des chancelleries tchadiennes et les efforts sans compter d'Halymah, épouse de Daniel et mère de ses enfants !

Cette attente déçue de la grande famille de Daniel se comprend aisément selon nos us et coutumes qui consistent à faire rentrer au village les dépouilles d'un des nôtres décédé à l'étranger, parfois même dans une autre région du Tchad ! La preuve, s'il en fallait une, c'est que j'ai souscrit depuis plus d'une dizaine d'années à une « assurance-rapatriement de corps » sous mes manguiers à Békamnan[19], un village où j'ai eu le bonheur de naître ! C'est un rendez-vous avec le village à ne pas manquer. Par ailleurs, je déplore trois rendez-vous avec Daniel manqués pendant l'année 2024.

Un trio de rendez-vous manqués

Le premier, c'était en août 2024, mois où je devais lui apporter personnellement une aide financière, fruit de cotisations volontaires des amis de l'UJC-DIASPORA ; des retardataires ont fait que cette date a été repoussée à septembre. Mais malheureusement, le 6 septembre 2024, date de notre réunion ultime avant l'envoi de cette aide, Daniel m'a fait un pied de nez : il a été élevé à la gloire céleste ! Quelle consternation pour nous tous, y compris des « sentinelles » qui se relayaient sans relâche pour intercéder en faveur de Daniel !

Le deuxième n'était pas moins frustrant que le premier car, en vertu des engagements pris auprès d'un très cher ami au Bénin et auprès des Églises baptistes de Cotonou, du 16 septembre 2024 au 9 octobre 2024, je n'ai pas pu me tenir devant le cercueil de Daniel, aux côtés d'Halymah et ses enfants en ce jour du 7 octobre 2024, particulièrement émouvant et douloureux ! C'était le jour de son retour à la terre, comme a décidé Dieu (voir Gn 2.5, 3.19).

Le troisième et dernier rendez-vous manqué, c'est la fin d'un rituel propre à nous deux. En effet, avant d'embarquer dans l'avion lors de mes nombreux voyages au Tchad, j'ai l'habitude d'appeler Daniel pour causer avec lui sur l'état de sa santé et de lui demander ce que je pourrais dire à ceux qui me demanderaient de ses nouvelles ? Alors, il me disait presque toujours la même chose : « Remercie-les bien de ma part pour leurs prières ferventes en ma faveur, car je me sens porté et fortifié par chacune de leurs prières » ! Et le 22 octobre 2024, à l'aéroport

---

[19] Du côté de Doba, dans le Logone Oriental (Tchad).

de Paris-Charles de Gaulle, quand je m'apprêtais à entrer dans l'avion d'Air France pour N'Djamena, le souvenir des entretiens ultimes et intimes avec Daniel m'est revenu comme un orage qui m'envahissait, un vent « harmattanien » qui me desséchait le visage et qui m'attristait ! Et pourtant, dans cet aéroport parisien, l'air ambiant est climatisé, un climat de douceur y règne, mais pas dans mon cœur en ce moment-là ! J'avais en mon cœur un sentiment de vide, un vide profond.

Un sentiment de vide

Ce sentiment de vide que m'a laissé cette absence de communication avec Daniel semble être partagé par beaucoup de frères et sœurs qui l'ont connu, approché et entendu ! Et pour Halymah et ses enfants, ce vide est encore plus durement ressenti, d'abord autour de la table avec l'image de la chaise vide, puis dans la vie de tous les jours ! Mais celui qui donne la vie et la reprend quand il veut, sait aussi panser les blessures laissées dans nos cœurs et nous amener à retenir l'essentiel : Daniel Bourdanné fait désormais partie de la nuée des témoins de la foi qui nous ont précédés ; il a fini sa course, trop tôt à nos yeux, mais conformément à la volonté du Père céleste ! Il nous reste à continuer à vivre l'espérance qui est en Christ, rejetant « tout fardeau et le péché qui nous enlace si facilement, et [courant] avec persévérance l'épreuve qui nous est proposée, les yeux fixés sur Jésus, qui est le pionnier de la foi et qui la porte à son accomplissement » (Hé 12.1-2, NBS). Il ne me reste plus qu'à conclure.

Conclusion

Un modèle parmi les plus beaux athlètes de Jésus-Christ, soucieux de l'avenir des jeunes de tous les pays, et du développement de l'Afrique, et un exemple de citoyen du monde par le message universel de la Bonne Nouvelle proclamé, qui se savait pèlerin sur cette terre et citoyen de la cité céleste, vient de nous quitter !

Oui, Daniel est parti, il est entré dans le repos éternel auprès de celui qu'il a servi avec passion, amour et fidélité. Il nous laisse néanmoins un immense héritage. Saurions-nous le faire fructifier ? Souvenons-nous chacun de ce conducteur et serviteur modèle en Christ !

Gabriel N. Moussanang
Médecin
Tchad/France

UN GRAND HOMME À BIEN DES ÉGARDS

Ce matin-là, à 9 heures, assise dans mon salon, je regardais les arbres à travers la fenêtre, méditant sur la bonté du Seigneur. Perdue dans mes pensées, je ne me doutais pas que ce jour allait marquer un tournant décisif dans ma vie. Le téléphone a sonné et en voyant le nom d'Halymah, ma petite sœur qui appelait d'Angleterre, j'ai décroché avec l'espoir d'entendre de bonnes nouvelles. Quelques jours plus tôt, elle m'avait dit que son mari que j'appelais intimement *ya*[20] Dan, hospitalisé, allait mieux. Or, cette fois-ci les nouvelles n'étaient pas bonnes !

Les nouvelles n'étaient pas bonnes

Dès que j'ai entendu sa voix, grave et calme, mes attentes se sont effondrées : « Les nouvelles ne sont pas bonnes », dit-elle doucement. Puis, après un court silence : « Ton *yaya* nous a quittés. » Ces mots furent comme un coup de tonnerre. Une vague de pensées m'envahit : les enfants, leur avenir. Mon premier réflexe fut de demander : « Où sont les enfants ? » Elle répondit calmement : « Ils sont là avec moi. »

Je lui dis alors, dans un effort pour masquer mon propre choc, la sachant seule avec les enfants : « Halymah, tu es médecin. Tu as toujours été forte. Tiens bon. » Mais sa réponse, entrecoupée de sanglots, brisa ma tentative de réconfort : « C'est trop dur, *yaya*. Je suis devant lui, devant son corps. » Sa douleur traversait la distance et résonnait profondément en moi. J'ai tenté de parler, de dire quelque chose, mais les mots m'échappaient. « Ils sont venus le chercher. Je vais dans la salle d'à côté », poursuivit-elle. Puis nous avions raccroché après qu'elle m'ait demandé de partager la nouvelle avec d'autres, car elle n'en avait pas la force.

Je me suis retrouvée seule, paralysée par la douleur et l'impuissance. Ce n'était pas une bonne nouvelle ! Non, je ne pouvais pas l'annoncer ! J'ai prié, demandant au Seigneur de me guider. Puis, j'ai pensé appeler

---

[20] Diminutif de *yaya* en lingala (Congo et RD Congo) qui signifie : grand frère ou grande sœur.

le frère Klaingar Ngarial, secrétaire régional des GBUAF. Non, ils sont trop proches ! J'ai alors appelé son épouse et d'une voix tremblante, je lui ai transmis le message : « Notre frère nous a quittés. Informe ton époux ! Demande-lui de m'appeler mais aussi d'informer les autres ! »

Cette journée censée être dédiée à un temps de jeûne et de prière avec Rachel et Sublime Mabiala s'est transformée en un torrent d'émotions. Lorsqu'ils sont arrivés, ayant reçu la nouvelle, nous avons prié ensemble, demandant au Seigneur de fortifier Halymah, les enfants et toute la famille. Leur présence fut un véritable soutien, comme si Dieu les avait envoyés pour m'accompagner dans cette épreuve et porter la famille devant le trône. La prière était la meilleure chose à laquelle je pouvais recourir à ce moment-là.

La fidélité divine et l'héritage de service

Les jours qui suivirent furent marqués par les appels, l'organisation des funérailles, un processus à la fois douloureux et révélateur de la brièveté de la vie et de l'importance du deuil en communauté dans notre culture. De nombreuses personnes se demandaient où se retrouver pour pleurer ensemble Daniel, cet homme grand par sa taille, sa force et son intelligence, qui nous avait quittés si soudainement après avoir triomphé du cancer. Cet événement m'a rappelé que nous ne sommes que des pèlerins sur cette terre, appelés à retourner à la poussière au temps fixé par le Seigneur, certainement pas au moment où nous pourrions nous y attendre !

Lorsque, quatre ans auparavant, nous luttions dans la prière pour sa bataille contre le cancer, malgré les multiples péripéties, il m'avait semblé toujours plus fort que le mal. Pourquoi le Seigneur choisit-il de l'enlever quand on le croyait vainqueur de la phase difficile ?

L'IFES a généreusement aidé à la retransmission de la veillée funèbre et de l'enterrement pour montrer à Halymah et aux enfants qu'ils n'étaient pas seuls, qu'ils étaient entourés par une communauté aimante, priant.

Le silence que j'éprouvais me fit penser à un autre décès qui m'avait laissée sans voix : celui de Landry Enzonga du GBU du Congo ! Après avoir renoncé à une bourse pour des études en Occident, il travailla ardemment pour asseoir les Groupes bibliques universitaires et scolaires du Congo (GBUSC) et les aider à devenir une organisation autonome ! Quand il quitta ce ministère 12 ans plus tard, il n'y avait aucun plan d'accompagnement ; sans salaire ni aucune assurance-maladie, avec une femme étudiante. J'étais inquiète pour lui, mais Dieu avait un plan. Il ouvrit des portes pour Landry à l'Alliance biblique du Congo, lui offrant un salaire régulier, une retraite et une stabilité que je n'aurais jamais imaginée. Ce témoignage de la fidélité divine m'a marquée : Dieu prend soin de ses servantes et serviteurs, même lorsque tout semble incertain. C'est ce que je veux rappeler ! Dieu a un plan glorieux pour les enfants de Daniel. Ils ne sont pas orphelins, car leur Père céleste est là, fidèle et aimant. Sa fidélité ne faillit jamais. Il saura prendre soin de la famille de son serviteur. Il saura s'occuper de l'après de cet Africain de Daniel.

L'Africain de Daniel

Avec Daniel, nous pouvions cogiter plusieurs heures ! Il voulait que le leader africain puisse faire attention aux détails et travailler à atteindre les objectifs ! Ces discussions, bien que parfois chaudes, étaient toujours constructives !

L'un de ses sujets favoris était les valeurs africaines ! Il luttait avec la manière dont l'Afrique avait adopté certaines traditions extérieures sans toujours les analyser et en mesurer les conséquences ! Par exemple, il s'interrogeait sur le choix de costumes lors des mariages car il trouvait nos boubous plus beaux ! Il critiquait le fait que les filles vierges à l'époque étaient les seules autorisées à porter la robe blanche (ce n'est plus le cas de nos jours) ! Comment devrait alors s'habiller l'homme qui ne l'était pas ? Pourquoi humilier la jeune femme en ce jour alors que l'homme était épargné ? Autant de questions qui revenaient souvent ! Son livre *Trois mariages pour un couple* est la révélation de combien ces sujets le passionnaient ! Il suggérait que les habits africains soient valorisés lors des fêtes, saynètes, chorégraphies, danses, etc., à l'Église. Il luttait aussi avec les célébrations des anniversaires qui prenaient des formes jugées non contextuelles !

Néanmoins, il était prêt à faire des concessions nécessaires. L'essentiel était de comprendre et de célébrer la personne dans toute son unicité. On riait lorsqu'il rappelait qu'au village on reconnaissait la classe d'âge d'une génération par la taille des arbres...

Nous aimions parler de la manière dont nos traditions et celles d'ailleurs pouvaient coexister, tout en restant fidèles à nos valeurs.

L'héritage d'une fraternité

Mon frère était une personne d'une intelligence analytique et conceptuelle hors du commun. Il ne se contentait pas d'avoir un rêve, une émotion ou de philosopher. Chaque rêve, chaque pensée, chaque discussion, chaque plan qu'il concevait, il s'efforçait de lui donner forme pour porter du fruit. D'où tenait-il ce talent rare en Afrique ? Est-ce le fait d'avoir perdu son père trop tôt ? Ou de fuir la guerre et de vivre dans d'autres pays, apprenant ainsi à faire face aux problèmes et y trouver des réponses ? Est-ce le fait de rendre des comptes aux organisations internationales qui ont forgé cette capacité de pensée analytique pour atteindre les objectifs ? Même si ces questions ne sont pas élucidées, les structures chrétiennes lui seront reconnaissantes du fait qu'il a montré qu'en Afrique, là où beaucoup s'arrêtent à la réflexion, lui, il passait à l'action. Il faisait le lien entre la pensée et la réalité.

Plus marquant encore, il avait accompagné plusieurs jeunes pour les aider dans ce combat et leur permettre d'émerger dans une Afrique en crise !

Seule une foi en action guidée par Dieu a la possibilité de bâtir et de transformer pour une empreinte durable dans ce monde. Je rends grâce à Dieu pour sa vie, pour ce qu'il a accompli et transmis à tous ceux qui ont eu le privilège de le connaître.

Les défis relevés et à relever

Quand j'ai pris l'engagement de servir le Seigneur, les épreuves se sont multipliées mais le Seigneur était toujours le rocher sur lequel s'appuyer ! L'une de mes prières était que mes relations avec les hommes demeurent pures pour donner gloire au Seigneur !

Dans mon enfance, j'avais aussi désiré avoir un frère chrétien qui jouerait le rôle de grand frère ! Daniel l'a été. Avec lui, je n'avais aucune crainte, aucune réserve que notre amitié soit pervertie par des sentiments autres car j'étais sa sœur personnelle. C'était une réponse du Seigneur à ce désir d'avoir un grand frère, chrétien. Cela ne nous empêchait pas d'avoir nos divergences ! Nous avions différentes opinions à différents niveaux sur différents sujets mais cela n'avait jamais brisé le lien fraternel ! Au contraire, c'était l'opportunité de voir la réalité de la Parole du Seigneur qui appelle les chrétiens à agir comme le fer aiguise le fer ! Lorsque les gens pensent que l'amitié homme-femme ne peut être pure, Dieu dans sa grâce m'a permis d'expérimenter que c'est possible et peut même être bénéfique. Aucun homme n'est parfait et, en tant qu'homme, Daniel avait certainement aussi ses insuffisances ! Quelqu'un disait un jour, au sujet de celui qui nous quitte, que les témoignages ne présentent que le positif ! Dans le cas de Daniel, sans l'ombre d'un doute, sans négliger les domaines d'ombrage – car il lui était arrivé de blesser et d'être blessé, de ne pas comprendre et d'être lui-même aussi incompris – les éléments d'éloges sincères sont véritablement bien plus nombreux !

Pour le chrétien, les circonstances de douleur ou de joie ne sont-elles pas des opportunités de révéler et bâtir le caractère à s'aiguiser et se soutenir mutuellement, à honorer les sacrifices de ceux qui nous ont précédés et à accorder sa confiance à la fidélité inébranlable de Dieu ? Le pèlerinage se poursuit tant que Dieu garde en chacun le souffle de vie ! Quel héritage laisserons-nous et sur lequel d'autres bâtirons ?

Daniel avait ouvert de nombreux chantiers ! En bâtissant sa première maison, il utilisait des matériaux de qualité car il disait : « C'est ma première maison ! Je veux quelque chose de solide ! » Avec quoi et sur quoi suis-je en train de bâtir pour laisser un héritage qui ne flétrit point ? Un héritage que ni la teigne ni les voleurs ni les dérobeurs ne peuvent ravir ? Daniel avait construit au-delà des choses matérielles. L'une des preuves était l'acte posé par Halymah : en venant en Côte d'Ivoire faire le deuil de son mari et une clôture à un pan de cette vie, elle y a impliqué sa belle-famille ! Elle y a associé les frères et sœurs de Daniel en les faisant venir ! Elle a même organisé leur prise en charge médicale et tout au long de leur séjour partagé l'amour familial ! Seule une bonne fondation en accord avec son mari pouvait rendre cela possible !

Alors que notre sœur affronte avec les enfants une nouvelle vie après une trentaine d'année de mariage, ils seront confrontés à la réalité incontournable de la perte d'un être cher ! Les nombreux parents et amis qui les soutenaient au début disparaîtront peu à peu pour laisser la place à ce qui pourrait être un vide douloureux ! Ma prière est que l'amertume ne prenne point le pas, mais que chacun expérimente la grâce de Dieu à une dimension plus élevée. Il a sûrement déjà ouvert pour chacun un chemin à suivre, même si cela ne semble pas toujours clairement perceptible !

Conclusion

Les portes de leur mission s'ouvrent devant eux et ma prière est qu'ils entendent, chacun pour sa part, la voix de celui qui demeure le maître des circonstances ! Il a ouvert un nouveau chapitre et est en train d'écrire leur histoire ! Je crois qu'ils l'entendent !

Qu'en est-il de nous ? Face aux pertes, si nous reconnaissons que Dieu écrit notre histoire, comment réagirions-nous ?

Chantal Yoa Téhé
Ancienne secrétaire missionnaire GBUS du Congo
Ancienne secrétaire itinérante des GBUAF
Côte d'Ivoire

L'HOMME ÉTAIT ENTIÈREMENT CONSACRÉ À L'ŒUVRE

Je retiens du frère Daniel Bourdanné la modestie ou la simplicité, l'humilité et l'ouverture à autrui avec un sens d'écoute très manifeste, les anecdotes, faits, humours ou paroles qui communiquent un message, le parcours en Afrique et ailleurs. Il est bon de les partager avec les uns et les autres dans les lignes qui suivent. Je commence volontiers par la modestie ou la simplicité.

La modestie ou la simplicité

J'avoue que je n'ai pas accès aux informations sur les premières années de la vie familiale et les études de l'homme Bourdanné. Bien plus, son départ en Afrique de l'Ouest pour les études supérieures ne m'a pas permis de connaître une bonne partie de sa vie. J'ai découvert Bourdanné lorsqu'il était déjà versé dans les activités des GBU. Ce fut un privilège de l'avoir rencontré et de cheminer avec lui dans le ministère pendant plus de vingt ans. Fort de cela, je n'hésite pas à célébrer à l'envie sa modestie. Qu'il soit au Tchad ou ailleurs, cet homme n'avait pas paru à mes yeux en une seule circonstance dans un accoutrement vestimentaire élégant correspondant à son statut et à son rang. Il avait toujours aimé le style vestimentaire simple et propre. Dans le même ordre d'idée, la simplicité du rabbin Rachi a été l'objet du témoignage de Claude Sultan qui écrit :

> Une vie simple, naturellement simple ! La délicatesse de tout son être était en harmonie avec toutes les forces de son âme. Il est des savants dont la profonde érudition ne pouvait pas être en lien avec la simplicité de la vie de tous les jours ; ce n'était pas le cas de Rachi : l'immensité de ses connaissances était à la dimension de l'immensité de sa simplicité. Sa vertu première était celle de la modestie, de l'humilité[21].

---

[21] Claude Sultan, « Spiritualité et éthique chez Rachi », dans René-Samuel Sirat, *Héritage de Rachi*, Paris, Éditions de l'Éclat, 2006, p. 303.

Rachi considère que la raison de cette vertu est théologique, car elle tire son origine du modèle de Dieu qui s'est donné à la cause de l'homme avant de l'avoir créé. Pour appuyer son argumentation, il cite Genèse 1.26 : « Dieu dit : Faisons l'homme à notre image, à notre ressemblance [...] » (S21). L'homme doit être humble parce qu'il a été créé à l'image de Dieu. Ce témoignage couvre bien la vie de Bourdanné, car son choix de ce style de vie s'inscrit dans la logique de Dieu. Il est écrit : « N'aspirez pas à ce qui est élevé, mais laissez-vous attirer par ce qui est humble. Ne soyez point sages à vos propres yeux » (Rm 12.16, LSG). Ainsi en était-il de son humilité caractéristique de son ouverture à autrui.

L'ouverture à autrui

Il m'a été donné de relever dans la vie de Bourdanné qu'il ne faisait acception de personne dans ses relations. Il savait se mettre au niveau de tout homme. Sa lecture de la personne humaine influencée par sa culture – culture moundang – couplée avec sa vision chrétienne du monde lui permettait de valoriser et de respecter la dignité de toute personne qu'il rencontrait. Il commençait par les civilités d'usage, puis posait des questions touchant la situation de son interlocuteur et l'amenait à se confier à lui. Sa démarche consistait à cheminer avec la personne dans sa situation pour bien la comprendre avant de se disposer à porter avec elle son fardeau, mais sans se perdre en l'autre dans la recherche des pistes de solution.

En réalité, Bourdanné s'était montré le pasteur du goût de la jeunesse estudiantine et au-delà de cette catégorie d'interlocuteurs. Sa passion pour le salut des étudiants et sa perception de leur rôle dans le leadership des sociétés humaines étaient les déterminants de sa vocation à servir au sein de ce mouvement dont il devint plus tard le leader mondial, l'IFES. Dans le *Dictionnaire de théologie pratique*, il écrivait :

> Directement ou indirectement, les universités déterminent et orientent plus ou moins profondément l'avenir des sociétés humaines. Les étudiants entrent à l'université et en sortent profondément transformés, pour le meilleur ou pour le pire. Ils deviennent par la suite des dirigeants et acteurs de la société et lui donnent une orientation bonne ou mauvaise. Les étudiants sont souvent à l'avant-garde des changements sociaux dans le monde. En effet, quand ils se mettent en marche tous ensemble, grâce à

leur énergie, leur vitalité, leur détermination, leur ferveur, leur imagination et leur créativité, ils peuvent faire bouger la société[22].

L'attention que Bourdanné accordait au développement et aux besoins des étudiants m'a touché. Au mois de février 2009, alors qu'il était dans les premiers mois de sa prise de fonction au titre de secrétaire général de l'IFES à Oxford, je venais d'arriver là pour un séjour de recherche académique aux côtés de mon directeur de thèse. Informé de ma présence dans la même ville, il m'avait invité un jour à déjeuner dans un restaurant de la place. Pendant le partage, je le voyais répondre plusieurs fois aux appels et messages de toutes parts. Par moments, il lisait à haute voix à mon intention certaines publications de quelques étudiants et m'invitait à partager mon avis sur le sujet exposé dans l'article. Puis, il me disait :

> Mon frère Abel, je suis en train de faire de nouvelles expériences avec les étudiants sur les réseaux sociaux. Si tu veux atteindre un grand nombre des jeunes lycéens et étudiants dans ton ministère, je te conseille d'ouvrir un compte Facebook et de l'animer. Ce cadre est aujourd'hui le village global de la communauté des jeunes. C'est là que tu rencontreras les jeunes et tu comprendras mieux leur orientation afin de bien les aider en les recadrant et en les accompagnant avec le message de la vérité évangélique[23].

Aussi m'a-t-il influencé à aimer Facebook en créant mon propre compte. Par la suite, au regard de ma propre expérience, j'ai confirmé ses propos.

Bourdanné n'hésitait pas à partager avec autrui les ressources dont il disposait. Rien n'était aussi cher à ses yeux qu'il ne pouvait le proposer au partage avec une autre personne dans sa proximité. Une telle attitude se lisait dans la vie du prophète Élisée (2 R 4.42-44). Ce prophète reconnaissait la grâce intarissable de Dieu qui lui pourvut en provisions[24]. Sa foi et sa confiance en Dieu alimentaient et sous-tendaient sa sensibilité aux besoins du prochain, et sa générosité sans restriction. Élisée savait amener et éduquer son serviteur à croire en la toute-puissance de Dieu : « Donne à manger à ces gens ; car ainsi parle l'Éternel : "On mangera et on en aura de reste" » (2 R 4.43, LSG).

---

[22] Daniel Bourdanné, « Évangélisation des étudiants », dans Christophe Paya, sous dir., *Dictionnaire de théologie pratique*, Charols, Excelsis, 2011, p. 359 (359-366).

[23] Bourdanné, Témoignage oral de février 2009 à Oxford, en Angleterre.

[24] Vingt pains d'orge et des épis nouveaux.

Comme Bourdanné aimait une vie simple et naturelle, il développait la générosité jusque dans les petites choses, voire alimentaires. Je sais qu'il avait un goût prononcé pour les arachides sous toutes ces présentations et le maïs grillé. Il était toujours porté à partager même une petite poignée d'arachides ou un épi de maïs qu'on lui apportait. Il avait l'habitude de dire en tendant ces aliments à autrui en souriant : « Je sais que tu vas aimer cela et que ça te fera du bien ! »

Par ailleurs, me jugeant moi-même comme étant orgueilleux et autoritaire, Bourdanné, au contraire, est une personnalité et une autorité quasi effacée. Il savait écouter humblement afin de mieux comprendre la préoccupation exprimée par toute personne qui l'approchait pour solliciter une aide. Il ne s'agitait pas pour discuter la parole dans les causeries en groupe ; d'ordinaire il écoutait silencieusement chacun débiter son opinion et il intervenait quand les uns et les autres n'avaient plus d'argument à avancer. Sa capacité d'écoute sur une durée le disposait à suggérer sur un ton cassant quelques pistes de solution à la situation partagée ou constatée.

À l'occasion du 10ᵉ congrès ordinaire de l'UJC tenu à N'Djamena en 2015, les organisateurs de ce congrès m'avaient confié la responsabilité d'apporter l'enseignement sur le thème principal. Cependant, juste à la veille de l'ouverture du congrès, je me sentis indigne pour une prise de parole publique avec en mains la Parole sainte ; car, au même moment, ma propre maison était secouée par un scandale provoqué par notre fils et qui contredisait mon enseignement. Ma femme et moi avions pris le deuil pour le péché de notre fils qui a offensé Dieu et jeté le discrédit sur notre témoignage. Par la suite, déclinant mon intervention au congrès, j'ai appelé les responsables pour partager avec eux ma peine. Bourdanné, qui était l'invité de l'UJC au titre de SG de l'IFES, avait écouté la nouvelle et l'écho de notre désolation dans la famille. Accompagné de quelques leaders de l'UJC, il s'était porté chez nous, sous notre toit, pour compatir avec nous. Après un temps de silence, Bourdanné avait libéré son émotion dans les pleurs et avait conclu ce temps fort avec cette parole :

> Ma sœur et mon frère, je suis très touché par votre sensibilité au péché et cela dans l'intérêt de la gloire de Dieu. Mais au-delà de cette attitude, que faites-vous de la grâce infinie de Dieu pour le coupable ? N'est-elle pas suffisante pour vous relever de la cendre et vous restaurer dans la communion avec le Dieu pour la cause duquel vous prenez ce deuil ? Christ a déjà assumé la charge de ce péché de notre fils à la croix et votre identification

au fils dans cet échec pour vivre la contrition devant Dieu fait
de vous bénéficiaires de la grâce de Dieu. Je vous invite à croire
cette vérité, pendant que je vais prier pour vous[25].

Bourdanné avait ainsi montré, pour une âme en situation, sa
compassion par sa présence et par sa parole. Reparti auprès de sa
famille en Angleterre, il avait écrit deux fois à ma famille pour nous
encourager et s'assurer que nous étions bien dans le processus de
notre restauration spirituelle. Cette qualité confirme bien le titre de
pasteur que je lui attribue et met en évidence le cœur attentionné de
berger. Il l'avait prouvé, grâce à Dieu, tout au long de son parcours en
Afrique et ailleurs.

Le bref parcours en Afrique et ailleurs

Comme auteur, Bourdanné considérait les livres comme des
catalyseurs pour la transformation de sociétés. En dehors de son
amour pour Dieu dont le zèle l'animait toujours, « l'amour de Daniel
Bourdanné pour les étudiants n'avait d'égal que son amour des livres.
Le scientifique en possédait des milliers, soigneusement conservés dans
trois bibliothèques différentes : chez lui, en Angleterre, dans son bureau
d'Oxford et dans une résidence en Côte d'Ivoire[26] », souligne Maude
Burkhalter. Aussi était-il l'auteur de plusieurs livres et articles. Il était
un écrivain au cœur plein de compassion pour l'Afrique. Il écrivait ceci :
« L'Afrique ne connaîtra pas sa révolution éditoriale tant que nous
n'aurons pas gagné la bataille de l'amour des livres[27]. » Le témoignage
de Tiémoko Coulibaly, secrétaire général des Groupes Bibliques des
Élèves et Étudiants du Mali (GBEEM), rapporté par Burkhalter, renchérit
cette affirmation : « Daniel était fier d'être Africain. Bien que vivant en
Occident, son cœur était en Afrique, ce continent qui l'a vu naître et
dont il n'a jamais désespéré[28]. »

---

[25] Bourdanné, Témoignage oral d'avril 2015 à N'Djamena, au Tchad.

[26] Maude Burkhalter, « Parcours de vie : Daniel Bourdanné, de l'étude des mille-pattes
à la direction mondiale de l'IFES », dans *Christianity Today*, 13 septembre 2024. En
ligne : https://fr.christianitytoday.com/2024/09/daniel-bourdanne-deces-secretaire-
general-ifes-gbu-africa-speaks-fr/.

[27] Daniel Bourdanné, cité par Maude Burkhalter, « Parcours de vie : Daniel Bourdanné,
de l'étude des mille-pattes à la direction mondiale de l'IFES », dans *Christianity Today*,
13 septembre 2024.

[28] Tiémoko Coulibaly, cité par Maude Burkhalter, « Parcours de vie : Daniel Bourdanné,
de l'étude des mille-pattes à la direction mondiale de l'IFES », dans *Christianity Today*,
13 septembre 2024.

Fort de ce sentiment, Bourdanné manifestait clairement sa préoccupation pour l'identité évangélique des Églises d'Afrique. La publication de son livre intitulé *Ces évangéliques d'Afrique, qui sont-ils ?* (PBA, 1998) en est la preuve. J'ai eu le privilège de présenter ce livre à l'UJC du Tchad. Sans avoir une qualification théologique, ce qui l'avait motivé à produire ce livret fut le constat de l'effritement et la disparition progressive de l'identité évangélique en Afrique. Il écrit : « Une génération de leaders évangéliques est en train de disparaître progressivement. Une nouvelle génération se lève[29]. » D'après Bourdanné, une période de transition s'installe et manque de leadership unificateur. Des regards d'exclusion marquent les leaders dans leurs relations mutuelles. L'identité évangélique reconnue à l'époque des missionnaires subit une altération et une discrimination dans le rang des mêmes familles d'Églises en Afrique. L'auteur écrit : « On assiste à un affaiblissement de la zone de frontière entre les évangéliques liés à l'Association des évangéliques d'Afrique (AEA) et les protestants traditionnels liés à la Conférence des Églises de toute l'Afrique (CETA)[30]. »

Bourdanné précise ailleurs un élément déclencheur de la rédaction de ce livret : « Comment pourrions-nous collaborer avec les Luthériens ? s'exclama un pasteur. Ils ne sont pas évangéliques, ils baptisent les enfants[31]. » Sur la même page, il conclut son observation : « Nombreux sont les responsables qui réduisent l'Évangélisme à des questions de baptême, de collaboration avec un mouvement œcuménique ou de forme de culte[32]. »

La réponse à la question que pose le titre de ce livret est variable ; tout dépend du prisme à travers lequel chacun regarde la même réalité[33]. Pour les uns, le terme « évangélique » désigne les chrétiens et Églises ayant leur racine dans la Réforme protestante du XVIe siècle. Pour les autres, ce terme sert à distinguer parmi les protestants les conservateurs et les fondamentalistes – synonyme d'une opposition au libéralisme et au catholicisme.

---

[29] Daniel Bourdanné, *Ces évangéliques d'Afrique, qui sont-ils ?* Abomey-Calavi, Bénin, PBA, 1988, p. 3.

[30] *Ibid.*

[31] *Ibid.*, p. 6.

[32] *Ibid.*

[33] *Ibid.*, p. 29.

D'après l'auteur, « le terme désigne tous ceux qui sont fidèles à l'essentiel de l'Évangile de Dieu [...] à l'essentiel de la doctrine des Écritures[34]. » Un peu plus loin, l'auteur désigne le mouvement évangélique par une métaphore : « l'évangélisme est un arbre dont les branches continueront de se ramifier[35]. » Pour Bourdanné, le défi commun que les évangéliques sont appelés à relever, c'est préserver l'unité du corps du Christ, malgré la diversité (cf. Ep 4.4-6). Aussi venait-il plus d'une fois au Tchad animer conjointement avec Tearfund et Campus pour Christ des séminaires sur l'unité des Églises malgré la diversité de leurs formes.

Bourdanné savait amener les élites d'Afrique à laisser un héritage savant pour les générations à venir. Son encouragement à l'endroit des théologiens à laisser leurs idées par écrit pour le public africain nous permet de dire que cet homme fut un lecteur passionné. Je cite, pour preuve, la conversation téléphonique que j'avais eue avec lui le 17 mars 2024, lorsque j'étais en visite à Dallas (États-Unis) après un séjour de six semaines dans le Kentucky. Après les mots de salutation et d'échange de nouvelles, il me dit :

> Mon frère, je te dis toutes mes félicitations pour tous tes efforts à produire la littérature chrétienne pour l'édification du corps de Christ. Je suis réjoui et encouragé toutes les fois que j'écoute l'écho de ton progrès. Reçois mes félicitations pour les trois articles que tu viens d'écrire en deux mois pendant ton séjour à Asbury (Kentucky) dont je suis informé. Je serais très réjoui si tu peux me les envoyer afin que je les lise, s'il te plaît[36].

Je lui ai répondu avec compassion : « Merci pour les compliments et pour ta volonté de me lire. Mais est-ce que ta santé te permet encore de passer quelques heures dans la lecture d'un texte académique, mon frère Daniel ? » Il me répondit calmement : « J'aurai beaucoup de plaisir à te lire, ne me le refuse pas, s'il te plaît ! » C'est maintenant le temps de conclure.

---

[34] *Ibid.*, p. 29.
[35] *Ibid.*
[36] Daniel Bourdanné, Témoignage oral de mars 2024, à Dallas dans le Texas.

Conclusion

Bourdanné fut un mari et un père présent pour sa famille, malgré les sollicitations et les obligations de ses responsabilités. Il avait cette grâce spéciale de savoir isoler les temps stratégiques pour la communion avec sa famille. Sa simplicité et son sens pointu pour l'avenir de la jeunesse lui permettaient de gagner la confiance de ses enfants qui ne fuyaient pas sa compagnie, comme cela s'observe dans certaines familles. Bourdanné fut aussi un orateur de la trame d'un enseignant cultivé. Son auditoire varié, certes, était toujours nourri et édifié par la profondeur de ses réflexions et la pertinence de ses analyses.

À Dieu qui l'a donné à sa famille, à l'Église au Tchad, aux Groupes bibliques universitaires d'Afrique francophone, à l'IFES et à l'Église dans le monde, soient gloire et honneur aux siècles des siècles !

Abel Ngarsouledé
Coordinateur général adjoint du CITAF
Secrétaire général de l'école doctorale (FATES)
Ancien Doyen (FATES)
Tchad

L'HOMME ET L'ŒUVRE
FAISAIENT BON MÉNAGE

Dans le ministère chrétien, nous rencontrons parfois des personnes dont l'impact va bien au-delà d'une simple liste de leurs réussites professionnelles. Leur ministère est plus qu'une simple série d'actions : il devient une extension de leurs valeurs, de leur personnalité et des principes selon lesquels ils ont vécu. Daniel Bourdanné était de ces personnes.

J'ai rencontré Daniel pour la première fois lors de l'assemblée mondiale de l'IFES en 1999 et j'ai travaillé en étroite collaboration avec lui pendant les dix dernières années de son ministère au sein de l'IFES, en tant que secrétaire général associé de 2014 à 2019. Comme en témoigne ce livre, il était un leader dont la vie et le ministère continueront de résonner longtemps après sa disparition. En réfléchissant à son héritage, nous nous rendons compte que son influence s'est fait sentir non seulement à travers son rôle de secrétaire général de l'IFES, mais aussi et surtout dans son exemple personnel d'humilité, d'intégrité et d'amour pour le Christ. Qu'il s'agisse des leçons qu'il a transmises par son travail ou des diverses façons dont il a incarné le leadership au service des autres : la vie de Daniel a été un modèle pour nous tous.

L'expression « l'homme et l'œuvre » résume ce que nous avons compris, connaissant Daniel : sa vie et son ministère étaient inséparables. Ils étaient les deux parties d'un tout et l'homme avait façonné l'œuvre tout autant que l'œuvre avait façonné l'homme. Au fil des ans, j'ai eu le privilège de travailler en étroite collaboration avec Daniel, de voyager avec lui dans de nombreux pays et d'observer de première main comment sa passion pour le Christ et son engagement en tant que dirigeant étaient intégrés dans tout ce qu'il faisait. Ce chapitre reflète ces leçons et l'impact profond que Daniel avait eu sur ceux qui l'entouraient, à qui il ne manqua pas de communiquer l'amour profond qu'il avait pour l'Afrique et son peuple.

L'amour profond pour l'Afrique et son peuple

L'un des aspects les plus marquants de la vie de Daniel était son lien indéfectible avec l'Afrique. Bien que son poste de direction à l'IFES l'ait obligé à quitter son continent natal, son cœur n'avait jamais quitté l'Afrique. J'ai voyagé avec lui sur de nombreux continents et j'ai remarqué que dès qu'il posait le pied sur le sol africain, son comportement changeait de manière évidente : Daniel se tenait encore plus droit, se déplaçait avec une énergie renouvelée et ses yeux s'illuminaient du plaisir d'être chez lui ! C'était plus qu'un simple sentiment de nostalgie ; c'était un amour profond et durable pour l'Afrique et son peuple, un amour qui avait influencé son travail et son leadership au sein de l'IFES.

Au cours des voyages que j'ai effectués avec Daniel dans des pays comme la Côte d'Ivoire, l'Afrique du Sud, le Kenya, le Ghana, le Nigeria et le Cameroun, j'ai compris à quel point il croyait au potentiel de l'Afrique. Il parlait souvent des défis auxquels l'Afrique était confrontée, mais il était tout aussi catégorique sur le fait que les solutions à ces défis viendraient de l'intérieur du continent, et non d'institutions et d'organisations internationales. Lorsqu'on lui demandait pourquoi certains problèmes persistaient, la réponse de Daniel était toujours la même : « Le leadership. » Il était également passionné par l'idée d'équiper et d'habiliter les dirigeants africains à prendre en charge l'avenir de l'Afrique.

Cette croyance dans le pouvoir du leadership a été la pierre angulaire du ministère de Daniel. Il voyait l'IFES comme un lieu où les jeunes en général et les étudiants en particulier, pouvaient devenir des leaders capables de transformer leur pays et le monde. Sa vision était de créer un mouvement qui formerait des individus intègres, humbles et déterminés – des leaders qui serviraient et non domineraient – qui dirigeraient selon le cœur du Christ. L'engagement de Daniel à former des leaders n'était pas seulement théorique ; il était présent dans tous les aspects de son travail de leader-serviteur.

Le leader-serviteur

Daniel était plus qu'un simple leader, c'était un leader-serviteur. C'est l'une des leçons les plus importantes que j'ai apprises de lui. Son style de leadership n'était pas basé sur l'exercice de l'autorité ni du pouvoir, mais sur le service, l'humilité et le sacrifice. Daniel avait illustré les valeurs d'un leader-serviteur dans chacune de ses interactions, quelle qu'en soit l'importance. Qu'il s'adresse aux étudiants, au personnel ou aux dirigeants de la communauté de l'IFES, il était toujours accessible, toujours prêt à écouter et toujours désireux de servir.

Son humilité était évidente, même lorsqu'il était lui-même en état de grande faiblesse. Je me souviens de ma dernière visite à Daniel, la semaine précédant son décès. Sa santé déclinait visiblement, mais malgré sa propre souffrance, il n'hésitait pas à me poser des questions sur le bien-être des autres. Avant de répondre à une question sur son propre état, il me demandait des nouvelles de ma famille, de mes collègues et de ceux qu'il connaissait et qui avaient besoin de prière. Son cœur était toujours tourné vers les autres, même lorsqu'il souffrait lui-même. Cet altruisme n'était pas un trait isolé, mais l'essence même de son caractère.

Le leadership de Daniel en tant que serviteur s'étendait jusqu'au cœur même de ses convictions. Il vivait avec une intégrité à la fois courageuse et inébranlable. Le franchissement des frontières internationales était souvent difficile. Une fois, en entrant au Royaume-Uni, il avait été détenu et renvoyé chez lui, mais il ne s'était jamais plaint et n'avait jamais exigé un traitement différent en raison de sa position. Il m'avait également parlé d'un autre passage de frontière où son refus de payer un pot-de-vin avait entraîné des heures de retard et de frustration. Il préférait subir des désagréments plutôt que de compromettre ses principes. Son courage de rester ferme dans ses convictions, même lorsque c'était difficile ou que ce n'était pas pratique, était l'une des caractéristiques de son leadership, de sa vie empreinte de conviction et d'intégrité.

Conviction et intégrité

La vie de Daniel était un témoignage de la puissance de l'intégrité. Son leadership n'était pas fondé sur une sagesse de ce monde ni sur une ambition personnelle, mais sur un engagement profond et inébranlable envers le Christ. Il tirait sa force et sa confiance, non pas de ses capacités ni de son intelligence, mais de sa relation avec Jésus. C'est sa dévotion au Christ qui lui avait donné le courage de dire la vérité au pouvoir, d'agir en accord avec ses valeurs et de prendre des risques au nom de la justice et de la droiture.

Un moment particulier qui me revient à l'esprit est celui où Daniel fut invité à prêcher dans la chapelle du président à Abuja, au Nigeria. Beaucoup auraient choisi de faire un sermon « facile à écouter » pour apaiser le président et les autres politiciens présents, mais Daniel était resté fidèle à ses convictions. Ceux d'entre nous qui étaient présents étaient en admiration lorsqu'il prêcha avec audace à partir de l'histoire de David et Goliath, exhortant les dirigeants à affronter les géants de la violence et de la corruption avec courage et foi en Dieu. Ce moment avait parfaitement résumé l'approche de Daniel en matière de leadership : inébranlable, audacieuse et fondée sur l'Évangile.

Ce courage ne se limitait pas à de grands discours ni à des moments publics. Il était évident dans les décisions quotidiennes et discrètes que Daniel prenait, guidé par sa foi et ses principes. Son intégrité et son engagement à faire ce qui est juste, quel qu'en soit le prix, avaient façonné non seulement le mouvement IFES, mais aussi tous ceux qui avaient eu le privilège de travailler avec lui, à qui il fit découvrir avec conviction et passion le cœur pour le Christ.

Le cœur pour le Christ

Au cœur de la vie de Daniel se trouvait son amour pour Jésus. Tout ce qu'il faisait était une effusion de cet amour. La relation personnelle de Daniel avec le Christ était le fondement sur lequel tout le reste était construit – son leadership, son service, sa compassion pour les autres. Il avait donné l'exemple de ce que signifie suivre Jésus de tout cœur, le rechercher dans les Écritures, passer du temps à prier et refléter le Christ en toutes choses.

Daniel parlait souvent de l'importance de « penser et d'agir comme le Christ » et c'était cet engagement envers la ressemblance avec le Christ qui avait façonné son style de leadership. Son humilité, son sens du service et son courage découlaient tous de son désir de ressembler davantage à Jésus. Il comprenait, comme l'a écrit l'apôtre Paul, l'appel à avoir « un attachement sincère et pur à Christ » (2 Co 11.3, BDS), et il vivait cela avec une constance remarquable. Sa confiance ne provenait pas de ses propres capacités, mais de sa proximité avec le Christ et de son désir d'incarner la vie et le caractère de Jésus, de léguer fidèlement l'héritage du leadership.

L'héritage du leadership

Lorsque nous réfléchissons à la vie de Daniel, il est clair que son travail était un prolongement naturel de l'homme qu'il était. Son leadership ancré dans l'humilité et le service continue de porter ses fruits au sein de l'IFES et au-delà. Sous sa direction, 22 nouveaux mouvements nationaux ont été créés et sa vision de l'IFES en tant que communauté de « pierres vivantes » a rassemblé les gens autour d'une mission commune. Mais son plus grand héritage est peut-être la façon dont il a formé des dirigeants qui, comme lui, ont porté le flambeau de l'amour et de la justice du Christ dans le monde.

L'impact de Daniel ne se mesure pas seulement en chiffres. Il est visible dans la vie des dirigeants qu'il a encadrés, dans les innombrables étudiants qui ont été inspirés par son exemple et dans la façon dont sa vie continue à façonner l'orientation de l'IFES. Son héritage est un héritage de transformation – transformation des individus, des communautés et même des nations grâce au pouvoir du leadership au service des autres.

Conclusion

Nous pleurons la perte de notre « grand chef », de notre oncle, de notre mentor, de notre frère et de notre ami. Mais je sais que Daniel ne voudrait pas que nous soyons paralysés par le chagrin. Il voudrait que nous poursuivions l'œuvre de Dieu à laquelle il avait donné sa vie. Il a vécu sa vie avec l'espoir et la promesse de la vie éternelle. Il a vécu chaque jour avec un but : apporter l'amour, la paix et la justice de Jésus à ce monde brisé et dans le besoin. Maintenant que Daniel est parti rejoindre le Seigneur, la meilleure façon d'honorer sa vie est de poursuivre cette tâche.

Enfin, est-il besoin de rappeler les derniers mots de Daniel à l'IFES en tant que secrétaire général, prononcés en 2019 à Bella-Bella en Afrique du Sud :

> Nos cœurs peuvent être remplis de peur – peur de l'inconnu et de l'avenir. Peut-être avons-nous déjà souffert et ne voulons-nous pas en rajouter. Mais les personnes vulnérables, les personnes brisées, vont servir le monde brisé. Allez en paix, dans le Seigneur, dans cette mission de vulnérabilité.

Merci à Dieu pour la vie de Daniel, son travail, son exemple, son amitié et son engagement indéfectible envers le Christ. *Soko puli*[37] !

Tim Adams
Secrétaire général de l'IFES
Angleterre

---

[37] En moundang, signifie littéralement : Merci beaucoup !

UN GRAND FRÈRE, UN MENTOR ET UN CONFIDENT

Je ne sais plus s'il faut dire que nous nous sommes rencontrés, Daniel et moi, ou que Daniel m'a vu grandir. Car en réalité, avant de quitter le Tchad en 1980, j'avais neuf ans et lui connaissait déjà toute la famille. Nous sommes issus d'une famille où nos parents sont des amis. Partant, les enfants selon leur génération sont aussi des amis, lui de la génération de l'ainé de ma famille et sa sœur aussi avec ma grande sœur, etc., comme c'est le cas dans beaucoup de nos sociétés au village. Dans son village natal, c'est la grande sœur de mon papa (de même père et même mère) qui était la reine mère. Malgré qu'il n'ait pas été au Tchad depuis un moment, quand j'ai grandi, j'entendais toujours parler de lui.

Devenu un peu plus grand et malgré mon engagement et ma confirmation à l'Église fraternelle luthérienne au Tchad (EFLT), je suis resté un peu dans l'étonnement, sinon dans un mélange d'incompréhension, que l'un des grands intellectuels de notre communauté ayant son doctorat soit plutôt pasteur et engagé à ce niveau pour la cause du Christ. Un engagé pour Dieu. Engagé à l'UJC moi-même à Pala à partir de la chorale, arrivé à N'Djamena, au lycée technique commercial, je n'ai pas su comment intégrer l'UJC à mon vécu. Mais Dieu a fait grâce : j'ai commencé à travailler assez tôt et c'est à ce moment-là que je me suis reconnecté à l'UJC et nos chemins se sont véritablement croisés, au point où Daniel Kadébé Bourdanné, une personne dont j'entendais parler, commença une relation personnelle avec moi. Et de nombreuses occasions nous en étaient données lors de ses multiples visites au Tchad.

Les visites au Tchad

Lors de ses multiples visites au Tchad, nous avions toujours eu l'occasion de nous retrouver et de discuter. J'étais alors secrétaire exécutif de la cellule des Amis de l'est de N'Djamena. Chaque fois qu'il revenait au Tchad et souvent par esprit de responsabilité, il venait à nos réunions pour animer des études bibliques, donner des enseignements ou simplement comme participant.

En 2015, à l'issue du congrès ordinaire de l'UJC tenu à N'Djamena, j'ai été choisi comme président du conseil d'administration, pour succéder au pasteur Mianbé LeGondje. Alors commença une autre dimension de ma relation avec Daniel. À ce niveau de leadership, il était devenu un ami, un confident et finalement un partenaire dans le ministère estudiantin. Car assez fréquemment, il pouvait, même en étant très occupé et selon que son agenda le lui permettait, m'inscrire dans le registre de ses priorités et prendre une à deux heures de temps, pour échanger avec moi, me donner son point de vue et m'encourager dans notre œuvre ensemble pour le Roi des rois. On parlait parfois de la vie sociopolitique et ecclésiastique au Tchad.

Un jour, alors qu'il m'exposait à la profondeur de la vie chrétienne, telle qu'elle devrait être pratiquée en lien avec l'amour du Christ, on en était arrivé à parler des membres de nos familles proches respectives qui ne connaissent pas le Christ. Et ce qui nous préoccupait comme membres de ces familles était le sort de certains autres qui passeraient l'éternité loin du Seigneur. Certes, nous avons l'assurance que la couronne de vie nous est garantie par Jésus-Christ. Mais il est un défi à relever que celui d'être, pour le moment et sans compromission possible, une manifestation claire de l'amour de Jésus pour eux. Il fallait surtout éviter d'avoir un camp dans nos familles de ceux qui ont accepté Christ contre un camp de ceux ne l'ont pas accepté ; ce qui rendrait la situation encore plus complexe pour leur présenter la Bonne Nouvelle de Jésus-Christ. Cela est contraire à l'ancienne pratique qui amenait parfois les chrétiens de la première génération dans nos villages à ne pas manger ensemble avec les non-convertis ni à partager avec eux les évènements familiaux. Cette posture ancienne est contreproductive. En effet, cette discussion a été pour moi l'occasion de comprendre l'amour que Daniel portait pour sa famille et bien plus pour les membres qui ne connaissent pas le Christ. J'ai compris également pourquoi il était très affecté par la crise qui secoue l'Église évangélique du Tchad (EET) à n'en jamais finir.

La crise qui secoue l'EET

Une autre chose a été cette crise qui a secoué et continue de secouer l'EET. Cela a failli entraîner l'UJC à sa suite, dans la mesure où le secrétaire général de l'UJC était de la communauté en conflit. Nous avions eu beaucoup de temps de discussion et d'écoute, et Daniel se sentait comme poignardé à l'idée que l'EET en soit arrivée là. De même, il était préoccupé de ce que l'UJC en ait été affectée. Des moments de prière ensemble et de conseils qui s'en étaient suivis, sans oublier l'appui du Dr Klaingar Ngarial, avaient finalement gardé l'UJC d'y être pleinement impliquée. Jusqu'à ce que je puisse passer le témoin à mon jeune frère Betoudji Néradji Hermes, pour me succéder au poste de président du conseil d'administration, Daniel avait été pour moi d'un soutien inestimable. Il était capable de m'appeler au téléphone pour me demander mon état d'esprit et les nouvelles du mouvement, afin de prier pour nous et avec nous. Aussi, faut-il le souligner, il était le seul donateur permanant de l'UJC : chaque mois et d'une manière permanente, un montant était viré du compte bancaire de Daniel au compte de l'UJC basé à l'IFES. Je ne manquerais pas non plus de mentionner assez brièvement quelques anecdotes, faits ou paroles marquants de Daniel.

Quelques faits et gestes marquants de Daniel

À la conférence panafricaine des GBUAF qui s'est déroulée à N'Djamena en 2016, Daniel avait été de toutes les sauces. Il avait l'impression que l'UJC du Tchad recevait enfin son couronnement en organisant cette rencontre pour la première fois. J'étais étonné de le voir, malgré ses multiples occupations, être disponible à recevoir les uns et les autres, afin de les encourager et les orienter. Daniel était tout le temps en mission, sans repos.

Lors d'une de ses visites au Tchad, il avait décidé de m'accompagner dans mon église locale. À sa présentation, tout le monde s'était exclamé : « Voilà, dans toute sa simplicité, la personne dont nous avons toujours entendu parler ! » Nous avions tous été marqués à l'église par la pureté de ses expressions en moundang. Beaucoup pensaient comme moi qu'il devait déjà avoir oublié le moundang. Or, à notre grande surprise, il avait mieux parlé le moundang pur que ceux qui sont au village, au grand dam de ceux qui vivent à N'Djamena. J'en étais aussi bien marqué qu'encouragé à m'attacher à ma langue et à l'enseigner à mes enfants.

À la mi-2022, après un temps de repos, parce que déchargé de la fonction de secrétaire général de l'IFES, Daniel partagea avec moi, entre autres, son désir de faire délivrer des actes de naissance aux enfants démunis du Tchad, du Niger et du Ghana. Il me demanda de l'aider, de par mon expérience des milieux humanitaires, à y parvenir au Tchad. Il souhaitait aussi le faire au nom de l'association Itanaba qu'il avait créée de l'autre côté, en Angleterre. Je lui envoyai les premiers termes de références (TDR) en juillet 2022. Après discussion, nous étions arrivés à la conclusion que la proposition était trop grande. Nous avions donc revisité les TDR ainsi proposés. Daniel était formel : il ne voulait pas que cette action soit menée par une association chrétienne identifiée comme telle[38]. Finalement, après plusieurs échanges, nous étions parvenus, une année après, à prendre l'option de simplifier cette action dans un premier temps pour tester sa faisabilité.

Il me recontacta en début 2024 sur le sujet et me proposa un montant que je devrais gérer à cet effet. La procédure voudrait que, pour certaines naissances qui dataient de plus de trois mois, nous établissions d'abord des jugements supplétifs avant que des actes de naissance ne le soient. Nous avions choisi le 7e arrondissement de la ville de N'Djamena, pour une raison simple : cet arrondissement étant cosmopolite dans sa composition, nous pourrions de ce fait toucher toutes les communautés tchadiennes en miniature qui y habitent.

Partis sur la base de 100 actes de naissance à établir, la mairie nous a aidés et nous avions pu en délivrer 200. Et ce, en faisant un recensement dans les centres de santé de l'arrondissement. Nous envoyâmes trois agents à qui l'accès aux registres de naissance était donné dans ces centres. Ils vérifièrent les naissances qui n'avaient pas fait l'objet d'actes de naissance pour manque de moyen ; et après enregistrement, toutes les pièces requises furent délivrées et des actes de naissance établis. En avril 2024, les parents furent appelés et avaient retiré avec joie les actes de naissance de leurs enfants, sans cérémonie, car ainsi en était le souhait de Daniel. On avait juste pu filmer symboliquement un ou deux parents, de même que Mme le maire dudit arrondissement, pour le témoignage.

En mai 2024, après avoir reçu le rapport de cette activité, alors qu'on parlait d'envisager la suite, à partir de juillet 2024, Daniel ne répondait plus à mes messages, parce qu'aux nouvelles, son état de santé s'empirait jusqu'à cette date fatidique du 6 septembre 2024. Une question m'avait traversé l'esprit : comment faire pour la suite ? Car il était clair que c'était un test qui venait d'être fait pour nous assurer de la manière de bien s'y prendre et d'aller de l'avant. Et nous l'avions passé avec succès ! Voilà ce qui pesait sur moi à partir de ce moment.

---

[38] Même si cela devrait passer par une association ou une ONG.

Ce projet était l'une des dernières choses que Daniel avait faites ; ce qui montre bien son attention à la dignité humaine, à la fois comme le couronnement de sa mission sur terre et le signal de son retour au Père. Ainsi avait-il accompli jusqu'au bout sa mission de partager l'amour du Christ avec ses semblables.

Il y a environ deux ou trois ans, il m'appela un jour au téléphone et me dit : « Clément, est-ce que tu sais que nous sommes parents ? » J'ai dit : « Oui. » Il me demanda ensuite si je savais qu'il était malade et j'ai dit : « Oui. » Il me dit : « Alors pourquoi tu ne prends pas de mes nouvelles ? Est-ce que tu voudrais apprendre ma mort de la bouche d'autres personnes ? » Il disait cela, car effectivement, il s'était passé un bon moment sans appel ni écrit de ma part. Cette observation m'a bouleversé et m'a emmené à faire des efforts pour être souvent en communication avec lui.

À la mi-mai 2024, après les élections présidentielles, ayant suivi mon parcours de directeur de cabinet, porte-parole et chargé de la communication pendant la campagne électorale pour le compte de l'un des candidats en compétition, Daniel prit son temps pour m'appeler au téléphone et me dire toute son admiration, mais aussi et surtout son encouragement pour mon engagement politique. Il s'engagea à prier pour moi. Le fait de me voir engagé en politique était aussi pour lui un motif de fierté, celui de savoir que ses petits frères avaient compris que la vie chrétienne est tout à fait holistique et doit couvrir toutes les sphères de la vie nationale. À ses yeux, nous, petits frères, devrions comprendre qu'être dans le milieu politique c'est être comme en mission. Ce qui exige de nous que nous veillions afin de ne pas compromettre la foi en Christ.

Après avoir tenté en vain de le joindre, je me suis mis à prier le 6 septembre 2024 pour sa santé, comme par le passé, alors que la triste nouvelle se rependait déjà. Tout le monde se demandait, comme pour redouter, si c'était une blague. Mais le plus souvent au village, il n'y a pas de blague dans ce genre de nouvelle. Combien triste mais vraie cette nouvelle, Daniel venait de rendre son dernier soupir.

Alors que nous espérions, comme il le souhaitait d'ailleurs, que sa sœur et son petit frère le visitent physiquement pour une dernière fois, la non-obtention des visas ne permit pas cette dernière rencontre. Il fallait donc se résoudre à accepter que son frère et sa sœur ne le reverraient plus dans cette vie avec les yeux physiques. Comme si cela ne suffisait pas, au moment où nous nous attendions à ce que son corps au moins nous arrive au pays, pour faire le deuil à la moundang, le corps de Daniel Kadébé Bourdanné ne retourna pas à cette terre nourricière qui l'avait vu naître. Pourquoi ? La réponse, quelle qu'elle puisse être, obéit à la logique missionnaire de la vie de Daniel. Il était en mission en Angleterre et, parce qu'il tomba au combat arme à la main, la terre de l'Angleterre devrait le recevoir, contrastant une fois encore avec la logique moundang. C'est bel et bien du Daniel pur et dur, le révolutionnaire chrétien. Cette perception des choses a fait taire en moi l'incompréhension pour faire place à l'admiration. Alors, il fallait prendre son courage à deux mains pour s'organiser et faire le deuil, sans le corps de notre bien-aimé, avec pour résolution que même le deuil de Daniel doit rendre gloire à Dieu.

Le courage de faire une sorte de deuil-célébration

Le secrétaire général de l'Entente des Églises et Missions Évangéliques au Tchad (EEMET), en collaboration avec l'UJC et tout le corps du Christ au Tchad se concertèrent rapidement et des réunions furent lancées. J'étais humblement sollicité pour présider un comité d'organisation des obsèques tchadiennes de notre frère, le Dr Daniel Kadébé Bourdanné. Chose inédite, car il s'agissait d'organiser une sorte de deuil-célébration, sans la dépouille mortelle !

Toutefois, l'équipe du comité d'organisation, sous la supervision de l'EEMET, avec tout l'appui du corps du Christ au Tchad, se leva comme un seul homme et décida ainsi de rendre courageusement un hommage à cet homme de Dieu. À mesure que nous discutions, nous nous rendions compte d'une chose : trouver l'argent pour y arriver le 7 octobre 2024. Et ce fut fait !

Je bénis le Seigneur pour l'équipe qui a mené à bien ces obsèques. Il fallait faire preuve d'ingéniosité et de créativité et cela a été possible avec l'appui des uns et des autres. Tout le monde y a contribué. Nous avons organisé et fait suivre l'enterrement de Daniel sur écran géant. L'atmosphère était lourde, les yeux pleins de larmes. La joie se mêlait à la tristesse, pour deux choses : remercier Dieu pour la vie de Daniel Kadébé Bourdanné et se réjouir de la possibilité de vivre en direct en temps réel, même si c'était en ligne, toute la cérémonie jusqu'à la mise en terre. Le peuple de Dieu était présent à ce dernier hommage autour de la famille biologique de Daniel. Et comme il fallait continuer avec l'UJC et les membres de la communauté ecclésiastique cet hommage, les activités suivantes ont été ainsi arrêtées et exécutées, après l'enterrement et l'organisation des visites dans ladite famille : Le culte d'action de grâce et les présentations de ses livres pour faire connaître à la nouvelle génération, l'homme et son œuvre.

L'honneur a été pour moi de contribuer à l'organisation de cet hommage à mon grand frère et confident. Les témoignages et les extraits des interventions de Daniel sont autant de sources d'inspiration pour la postérité et pour perpétuer son héritage chrétien ici et là.

Je saisis cette occasion pour remercier le corps du Christ au Tchad pour sa spontanéité, les responsables de l'EEMET et ceux des dénominations qui la composent pour leur main d'association, sans oublier l'Assemblée Chrétienne – la Bonne Nouvelle (AC-BN) qui nous a gracieusement offert ses installations à cette fin, parfois en décalant et même en supprimant certaines de ses activités de la semaine. Je remercie également les GBUAF qui m'ont fait l'honneur de participer à la cérémonie faite en hommage à Daniel à Abidjan (Côte d'Ivoire). J'ai pu présenter à cette occasion le projet des actes de naissance dont j'ai parlé plus haut.

Conclusion

Je ne saurai terminer de rendre hommage à l'homme qu'il a été et toute l'œuvre qu'il a abattue sans exprimer ici mon regret de n'avoir pas eu l'occasion de rendre visite à Daniel et à sa famille, de son vivant, pour me permettre de me connecter à son épouse Halymah et aux enfants. Il m'a toujours dit que les enfants ont grandi. En effet, sans contact avec eux, je constate que j'ai rompu avec la tradition d'amitié de nos parents. Et bien que nous soyons, nous aussi, restés amis, nos enfants n'ont pas eu le privilège d'être proches les uns des autres, comme l'ont été nos parents et nous-mêmes.

Clément Sianka
Consultant en ressources humaines
PCA de l'UJC (2015-2023)
Trésorier, EFLT/Habbéna 1 (2001-2016)

UN GRAND PETIT FRÈRE

Daniel aimait m'appeler respectueusement « grand frère ». Je l'appelais affectueusement « grand petit frère ». En m'appelant « grand frère » comme pour plusieurs de ses aînés, Daniel attendait de moi, avec respect, que j'assume à son égard mes responsabilités d'aîné. Il démontrait par ses actes le respect et l'attention qu'il devait aux aînés dans une saine relation de vie chrétienne. Il était prêt à demander des nouvelles, à poser des questions, à émettre des idées, à proposer des projets, etc., dans une attitude réelle d'apprentissage. Dans ma langue ngambai, on dit : *Deou ge tog ya ge kon maree qe bau maree*. Ce qui veut dire littéralement : « la personne qui est grande (l'aîné) est la mère et le père de son petit-semblable. » L'aîné est donc responsable de ses petits frères comme la mère et le père le sont pour les plus petits. Cette expression comporte plus de responsabilité du grand frère à l'égard des plus démunis en général et des orphelins en particulier. L'expression traduit donc la responsabilité « d'être le gardien de son frère ». Cette noble responsabilité que Caïn récusa hélas ! (Gn 4.9). Daniel était le « gardien » de nombreuses personnes que Dieu plaça sur son chemin.

Les chemins inattendus empruntés

Daniel disait avoir vu « Dieu emprunter des chemins inattendus ». Si Dieu emprunte de tels chemins, il est aussi présent et équipe ses servantes et serviteurs pour emprunter ces chemins inattendus. Lors du culte d'action de grâce organisé à Abidjan le 9 décembre 2024 autour de Halymah, des enfants et de quelques membres de la famille venus de N'Djamena, des témoignages édifiants étaient rendus. Le successeur de Daniel au secrétariat des GBUAF, Augustin Cossi Ahoga, avait résumé de manière claire et convaincante l'emprunt des chemins inattendus qui permirent à Daniel d'innover par de nouvelles approches le changement de paradigme. L'innovation d'une structure tripartite lui permit de révolutionner certains domaines de ministères en général et le mouvement des étudiants au niveau régional (GBUAF) et international

(IFES) en particulier. Il s'agit des éditions africaines, l'inauguration de l'afro-constructivisme et le changement de paradigme du lac[39].

Le Réformateur Chrétien

Le Réformateur Chrétien est le titre d'un journal que Daniel et une équipe d'amis lancèrent en 2000 à Abidjan (Côte d'Ivoire). Ce n'était pas une prétention de se mesurer aux Réformateurs de 1517 dont Martin Luther et Jean Calvin furent les plus éminents. C'est un écho de la Réforme interpellant le chrétien à réformer les pratiques du ministère qui par usure deviennent une doctrine, ou encore ce qui dans la culture, qu'elle soit africaine ou occidentale, est élevée au niveau de l'éthique chrétienne. De ce fait, l'église locale ou dénominationnelle, qui ternit la doctrine fondamentale du salut en Jésus-Christ et son vécu, en créant un autre chemin par ses pratiques ou en élevant un ministre de la Parole à la place de celui par qui passe le salut éternel doit être réformée, au moins dans chaque génération, car la tendance de déviation semble récurrente. Qui donc doit le faire ? Le chrétien ou le clergé ? Avant que les boucliers de défense ne soient levés ou les flèches de riposte ne soient lancées, il faut clarifier que *Le Réformateur Chrétien* interpellait simplement le chrétien ! Daniel et ses amis avaient pris le risque de frayer un chemin sur lequel le chrétien devait assumer ses responsabilités, quand il verrait ce qui irait mal dans son église locale ou dans sa dénomination, et qu'il ne devrait pas se disculper. C'est la manière de le faire qui est souvent un problème. Il faut de la sagesse. Cette sagesse est l'articulation de cette relation entre le « grand frère » et le « petit frère » (par analogie, entre le clergé et le chrétien), qui rend l'un comme l'autre responsable devant une situation donnée où l'un a besoin de l'autre pour apporter une solution appropriée.

Le défi de la restauration du ministère pastoral

En juin 2000, Daniel m'avait invité à donner un enseignement biblique aux secrétaires généraux et régionaux des GBU venus de 18 pays d'Afrique francophone. Le discours de l'apôtre Paul aux « anciens » de l'Église d'Éphèse dans Actes 20.17-38 était choisi pour une semaine d'enseignement.

---

[39] Expression non-conventionnelle qui s'apparente au proverbe chinois selon lequel il vaut mieux apprendre à pêcher à quelqu'un que de lui donner du poisson.

Au cours de l'enseignement, je me suis rendu compte que les principes inhérents à la responsabilité de veiller sur un groupe de personnes rachetées par le sang du Fils de Dieu, sont aussi applicables aux secrétaires établis pour « paître[40] » les nombreux étudiants des écoles et universités d'Afrique, quoique les groupes bibliques ne constituent pas nécessairement une église locale (ecclésia) visible avec ses institutions de ministère. Néanmoins, les universitaires chrétiens font partie du corps du Christ de tout temps et en tout lieu. La plupart de ces secrétaires sont des membres actifs des églises locales et assument même les rôles d'anciens, de diacres. Ils exercent parfois d'autres ministères dans ces Églises par les dons que l'Esprit leur accorde (1 Co 12 ; Rm 12).

J'ai développé le passage de manière à ressortir les principes d'exercice du ministère auprès des élèves et étudiants, des cadres et intellectuels, comme étant en réalité un ministère pastoral, sans bousculer inutilement ceux qui portent le titre de pasteur. Le Nouveau Testament parle de plusieurs ministres de l'Évangile qui ont part au ministère pastoral à différents niveaux, de sorte que le ministère est partagé entre plusieurs. Ils sont appelés, « ceux qui travaillent parmi vous, qui vous dirigent dans le Seigneur et qui vous avertissent » (1 Th 5.12, S21), « ouvriers avec Dieu » (1 Co 3.9, LSG), « serviteurs de Christ » (1 Co 4.1, LSG), « administrateurs des mystères de Dieu » (1 Co 4.1, S21), etc. Ces personnes ne sont pas identifiées comme pasteurs, mais elles font un ou deux aspects de l'ensemble du ministère pastoral. De ce fait, les secrétaires généraux et régionaux qui ont reçu une grâce du Saint-Esprit pour l'utilité commune font une partie de l'activité pastorale.

S'agissant de ceux qui ont reçu l'appel pour paître le peuple de Dieu au-delà du titre de pasteur, le plaidoyer de Daniel et ses amis était d'ouvrir un dialogue pour le renouveau pastoral à la hauteur des défis contemporains auxquels les membres des Églises font face dans leur vie chrétienne de tous les jours. Daniel n'avait pas eu peur de me bousculer sagement dans ma propre vocation pastorale, pour m'aider à prendre du recul et réexaminer la manière dont moi-même et mes collègues pasteurs devraient relever le défi de la perte de dignité de ce noble ministère.

---

[40] Nourrir de la Parole, diriger et prendre soin, etc.

Le leadership pour l'excellence

Le leadership est le nouveau terme qui a remplacé et qui incarne aujourd'hui les termes forts usités au cours des années 70 et 80 dans les rencontres panafricaines, surtout chrétiennes. Il s'agit des termes dirigeants, leaders, gouvernants, etc. Le terme *leadership* provenant de l'anglais semble embrasser et exprimer au mieux tous ces anciens termes.

Les nombreux séminaires sur le leadership organisés en Afrique, aussi bien dans le monde séculier que religieux, témoignent de la réalité de la crise de leadership qui prévaut aujourd'hui un peu partout. Mais Daniel n'organisait pas souvent des séminaires pour faire avaler des théories. Il prenait appui sur la Parole de Dieu avec des principes que les personnages bibliques incarnaient, pour enseigner et développer des jeunes leaders bien ciblés, dans divers contextes contemporains, en vue de ministères précis, en l'occurrence les GBUAF et l'IFES, et dans une perspective d'impact et de reproduction pour la relève. En cela, il faisait usage de son changement de paradigme du lac et de la littérature. Ainsi, sous sa direction, il publia l'ouvrage collectif tant attendu, *Leadership pour l'excellence* (PBA, 2002), dans lequel les auteurs ont abordé plusieurs aspects du leadership dans l'Église africaine aujourd'hui, répondant à son constat et sa préoccupation de frayer un nouveau chemin. Daniel articulait le défi à relever dans le domaine du leadership en rapport avec l'Église et la société.

Le tribalisme en Afrique… et si on en parlait ?

Daniel m'avait invité à participer à la publication d'un ouvrage collectif sur le tribalisme en Afrique sous le titre ci-dessus. Le titre de l'ouvrage évoque le risque que Daniel avait pris de parler d'un sujet qui est, selon lui, « une gangrène à l'origine de la destruction de tant de vies, de cœurs et de relations ». C'est comme s'il y avait des difficultés à toucher ce problème épineux de la communauté, tellement l'Église, aussi bien que la société, en était gangrenée. Le mal est si profond que, pour Daniel, il fallait l'attaquer, car c'est une lutte contre les ruses du diable lui-même. Mais Daniel avait frayé le chemin de nouvelles approches par la littérature, pour engager des réflexions et des groupes de discussions, pour réexaminer nos positions sur « l'origine des ethnies, tribus et races, le rôle de l'identité ethnique », pour nous permettre de découvrir « des perspectives permettant de vivre harmonieusement nos différences ethniques, tribales, raciales et culturelles[41] ».

Le prix Abraham Kuyper

L'un de mes mémorables souvenirs de Daniel est de lui avoir fait la surprise de participer à la cérémonie de remise du prix Abraham Kuyper[42] qui s'est déroulée à « Calvin Seminary » à Grand Rapids, dans le Michigan. Je me trouvais à Dallas, dans le Texas. Je ne savais pas qu'il allait venir d'Angleterre avec Halymah pour recevoir ce prix. Un soir, dans une communication avec un ami nigérian, enseignant à Calvin Seminary, j'ai été informé qu'un Tchadien allait recevoir le prix Abraham Kuyper. Comme il ne se souvenait pas de son nom, avec un peu de recherche, j'ai découvert que c'était Daniel Bourdanné. Ma décision était prise sur le champ de ne pas rater cet évènement. J'ai acheté le billet et me suis rendu trois jours après à Grand Rapids. Je me suis arrangé avec cet ami nigérian pour qu'il vienne me chercher le matin de l'évènement. Et nous avons trouvé à notre arrivée Daniel et Halymah au petit déjeuner, avant la cérémonie. Je ne suis pas en mesure de traduire ici ce qu'il a ressenti en voyant son grand frère faire le voyage pour être présent à cette cérémonie. Je ne peux pas non plus décrire ce que celui qui présentait mon grand petit frère à l'assemblée disait de lui. La gloire revient à Dieu pour la vie que Dieu a donnée à Daniel, pour la femme qu'il lui a donnée et pour la grâce d'impacter le monde des étudiants, avec la force et la sagesse que Dieu lui a données. Daniel avait sobrement fait son discours d'acceptation du prix, en mettant un accent particulier sur le soutien à apporter aux enfants dans le contexte de pauvreté au Tchad et ailleurs. Le grand frère était rempli de joie et aussi de fierté en voyant le « grand petit frère » être honoré par une organisation européenne, pour son impact sur tant de personnes dans le milieu universitaire et ailleurs. Ce prix était en prélude de ce que le Seigneur dira à Daniel et à toutes celles et ceux qui ont fait fructifier les talents que Dieu leur a donnés : « C'est bien, bon et fidèle serviteur [...] entre dans la joie de ton maître » (Mt 25.23, LSG).

---

[41] Daniel Bourdanné, sous dir., *Le Tribalisme en Afrique... et si on en parlait ?* Abidjan, PBA, 2002, Quatrième de couverture.

[42] Abraham Kuyper était un homme d'État néerlandais. Il était aussi un pasteur protestant et théologien, qui avait fondé l'université libre d'Amsterdam pour la défense de l'enseignement privé, menacé de libéralisme. Il en était le premier recteur et il enseignait la théologie. Il avait ainsi donné l'exemple d'un engagement politique de l'éducation par les principes chrétiens.

L'Africa Speaks

Africa Speaks est un « réseau informel réunissant des professionnels de l'édition dans le but de créer une industrie de l'édition chrétienne durable et florissante en Afrique[43] ». J'ai eu moi-même le privilège de participer au forum organisé au Kenya en mars 2024 dans le cadre de la promotion de la Bible d'Études Perspectives Africaines (BEPA), et d'un projet de maison d'édition dénommée Scribe-Carpus que j'essaie de lancer officiellement au Tchad. C'était là où j'ai écouté, avec joie et fierté, les témoignages au sujet de l'impact de Daniel sur les jeunes éditeurs africains. Sachant que je venais du Tchad, plusieurs participants me demandaient si je connaissais Daniel. Ils m'ont donné beaucoup de respect entre autres à cause de Daniel. En effet, Daniel était l'orateur principal au lancement d'Africa Speaks aux États-Unis en 2018. Son discours de lancement était « L'Appel à contaminer l'Afrique ». Une manière inhabituelle et poignante de dire, selon Africa Speaks, « que le moment était venu pour l'industrie de l'édition chrétienne en Afrique de s'épanouir[44] ». Je comprends pourquoi, à l'annonce du décès de Daniel, Africa Speaks présenta Daniel comme « une lumière dans l'édition africaine[45] ». Oui, une lumière dans les sombres sentiers du développement de la littérature africaine. En rapport avec l'Afrique, il était reconnu comme, « un homme gracieux qui n'hésitait jamais à dire la vérité au nom de son Afrique bien-aimée[46] ».

Le ministère en tandem de mission accomplie et inachevée

Daniel avait servi au dessein de Dieu pendant 65 ans. Il avait laissé un chantier ouvert de continuation des pistes ouvertes. En ce sens la mission confiée à Daniel sur terre est accomplie, laissant inachevé ce qui reste à accomplir par une autre personne qui fera usage des pistes ouvertes par Daniel. L'inachèvement ici n'est pas un échec. La structure du ministère est faite de l'accomplissement du dessein de Dieu et d'inachèvement. Les émouvants et excellents témoignages donnés par plusieurs de ses connaissances à son enterrement le 7 octobre

---

[43] Africa Speaks, « Une lumière dans l'édition africaine : hommage à Daniel Bourdanné », https://africaspeaks.global/fr/une-lumiere-dans-ledition-africaine-hommage-a-daniel-bourdanne/.

[44] *Ibid.*

[45] *Ibid.*

[46] *Ibid.*

2024 en Angleterre et au culte d'action de grâce, de consolation et d'encouragement organisé à Abidjan le 9 décembre 2024 font ressortir quelques points saillants de ce que le Dieu Tout-Puissant, par la grâce du Seigneur Jésus, a rendu Bourdanné capable de faire pendant sa vie sur terre.

Je résume en quelques points l'héritage laissé et des pistes ouvertes, dans la perspective d'une structure de ministère à la fois accompli et inachevé :

- Daniel a vécu une vie de famille modèle avec Halymah son épouse, fruit des prières des amis autour d'eux. Ils ont été gracieusement bénis des fruits des entrailles : leurs enfants (Tamibé, Nana, Babané et leur grande sœur Rosine) ;
- Daniel était un grand frère, « gardien de son frère ». Il a assumé ses responsabilités matérielles, morales, spirituelles à l'égard de plusieurs jeunes et familles ;
- La littérature : Daniel a encouragé la production de la littérature africaine et francophone dans toutes ses formes. Il était mis au courant de la création de la maison d'édition Scribe-Carpus au Tchad. Le chantier reste ouvert pour officialiser mes premiers pas avec cette petite structure d'édition Scribe-Carpus ;
- L'engagement social Abraham Kuyper : Le prix Abraham Kuyper dont j'étais témoin était investi dans l'ONG qu'il créa pour soutenir l'éducation des enfants au Tchad ;
- La revue de réflexion théologique, *Chantiers*, que Daniel avait lancée et dans laquelle j'avais contribué avec un premier article. Je l'avais relancé avec un article que lui-même, Abel Ngarsouledé et moi allions écrire. Mais ce projet ne se réalisa pas. La revue *Chantiers* reste un chantier ouvert pour la génération actuelle pour en continuer la construction. Il en est de même du journal *Le Réformateur Chrétien* ;
- La grande famille chrétienne, une réalité présente, un prélude du rassemblement mondial à venir (Ap 7.9) ;
- La relève : « Ami si tu tombes, un ami sort de l'ombre à ta place. »

Daniel est tombé. Non seulement ceux qu'il avait formés continueront la lutte avec résilience, mais plusieurs autres jeunes sortiront de l'ombre pour se joindre à la construction inachevée. Dans la perspective de la continuation du ministère, la mort de l'un des « soldats de Jésus-Christ » ne doit nullement paralyser de peur et de doute le reste des « soldats » encore vivants, ni arrêter leur détermination de continuer à combattre le « bon combat de la foi », en imitant Daniel (2 Tm 4.6-7).

Dans l'attente du glorieux jour des retrouvailles avec nos bien-aimés dans la présence du Seigneur où la mort ne sera plus, Daniel, comme l'apôtre Paul, rappelle à moi-même et à toutes celles et tous ceux qui l'avaient écouté de son vivant ces dernières recommandations :

> C'est pourquoi, mes chers frères et sœurs, soyez fermes, ne vous laissez pas ébranler, travaillez sans relâche pour le Seigneur, sachant que la peine que vous vous donnez au service du Seigneur n'est pas inutile. (1 Co 15.58, BDS)

Conclusion

Le Dieu qui arme nos bras et nos cœurs pendant nos combats nous portera, par Jésus, dans « ses bras » jusqu'au jour du dernier rendez-vous. Dans l'attente dudit rendez-vous, l'écho de la voix de Daniel à travers le monde continuera à retentir par ses enseignements, ses écrits, ses causeries, etc., et ne cessera d'interpeller celles et ceux qui peuvent se souvenir d'une expérience quelconque avec Daniel à agir pour continuer ce qui est inachevé et continuer à innover.

Abel Laondoye Ndjerareou
Théologien
Ancien doyen de l'ESTES (FATES, Tchad)
et de la FATEB (RCA)
Tchad

UN COLLÈGUE-CHEF

Mon histoire a commencé avec Daniel à ma participation au premier camp des GBU de décembre 1982 à Lomé. Ce fut un voyage pathétique pour moi, pour la première fois je traversais les frontières de mon pays. Et nous étions deux étudiants, Attignon Joseph et moi, pour représenter le jeune mouvement naissant du Bénin qui n'avait que 5 ans d'existence. C'était aussi un voyage d'aventure car le choix politique de notre pays fut la révolution « marxiste-léniniste » qui interdisait aux intellectuels béninois de quitter leur pays, pour ne pas créer le « péché révolutionnaire » de la « fuite des cerveaux ». Ainsi, à la frontière Bénin-Togo, le service d'immigration nous refusa la traversée. Nous dûmes payer le piroguier pour nous retrouver de l'autre côté des frontières. Après des heures de taxi-brousse, nous atteignions Lomé et empruntions un taxi-ville qui nous conduisit à l'École baptiste de théologie de l'Afrique de l'Ouest (EBTAO) où devrait se tenir le camp.

Le camp biblique de Lomé

Nous étions accueillis par un homme bien élancé qui, pour nous embrasser, se plia comme un roseau pour se rabaisser à notre taille. Avec un sourire large et des paroles de bienvenue à n'en jamais finir, il s'occupa de notre installation. Sa taille extraordinaire m'a rappelé mon grand-père dont tout le monde vantait la taille de 2,05 m. Il n'a jamais voyagé en dehors de notre pays pour que je puisse imaginer qu'il aurait « fabriqué un enfant » ailleurs. Ce furent mes impressions quand je rencontrai pour la première fois Daniel Bourdanné, qui deviendra un collègue et un très bon chef[47].

Daniel était le responsable de l'organisation du camp de Lomé en décembre 1982. L'orateur principal était Theophilus Bamfo Dankwa dont l'étude biblique portait sur le texte de Matthieu 9.35-38. Trois personnes m'ont marqué à ce camp. La première c'est l'orateur ; chaque fois qu'il martelait « il y a peu d'ouvriers », je sentais mon cœur battre à

---

[47] Même si le terme n'est pas en usage dans le GBU, je l'utilise pour en relever l'exception qu'il en a été.

tout rompre et, quand il insistait, je sortais de la salle. C'est précisément à cette occasion que j'ai entendu l'appel de Dieu, mais je l'ai refusé. La deuxième personne, la sœur Claudine Anyinéfa, étudiante en médecine, responsable de la cuisine du camp. Elle se débattait pour que les repas soient bons et à l'heure. Enfin la troisième personne, Daniel Bourdanné, qui s'occupait de la logistique, veillait au respect du programme, surtout concernant le temps et faisait la navette entre la cuisine et la salle de conférence. Quand quelque chose n'allait pas, il était prompt à le faire aller. J'appris plus tard qu'il était Tchadien et responsable des finances au niveau du GBU du Togo.

La séparation à la fin du camp fut très pénible, tellement nous avions vécu une communion d'un amour presque fusionnel. Si nous étions des élèves nous aurions coulé des larmes. Daniel nous avait accompagnés jusqu'au taxi pour la gare où notre aventure du voyage fluvial allait reprendre : c'était l'avant-veille de la fête de la nativité.

Des années passèrent et le souvenir du Tchadien « fils de mon grand-père » s'était complètement effacé de ma mémoire. Il aurait quitté Lomé, un an après cette rencontre, pour Abidjan où il poursuivit ses études en biologie. De mon côté, j'ai fini mes études en économie et Dieu m'a convaincu au triennal de Kinshasa en 1984 de le servir. La résistance à l'appel a duré deux ans, mais je ne pouvais pas échapper à Dieu, mon Créateur. Après mes études d'économie et deux ans de service volontaire au GBEE-Bénin, je partis pour les études de théologie en France.

Le leader-caméléon

Lorsque les gens pensent au caméléon, la première chose qui leur vient à l'esprit, c'est sa capacité exceptionnelle de camouflage. Mais c'est méconnaître ses autres caractéristiques. Le caméléon a trois caractéristiques en particulier qui me rappellent mon collègue et chef Daniel : une vision exceptionnelle, une capacité d'adaptation et une capacité à s'accrocher fermement.

Une vision exceptionnelle

Le caméléon a une vision exceptionnelle : « chaque œil pivote indépendamment. [...] Pour guetter, il dispose d'un appareil oculaire sophistiqué permettant à chaque œil, par des mouvements dans tous les sens, de couvrir un champ d'environ 180° à l'horizontale et de 90° à la verticale[48]. » Les caméléons peuvent donc bouger leurs deux yeux indépendamment, leur permettant de voir dans deux directions différentes simultanément. Les yeux de Daniel ne bougeaient pas indépendamment, mais avaient toujours deux sortes de vision : la première, celle bien connue de voir et d'observer le monde qui nous entoure, mais la seconde concerne la capacité de Daniel de voir plus loin, de faire preuve d'une anticipation hors-pair. Cette anticipation du futur rassurait tous ses collaborateurs qui lui faisaient confiance en matière de décision. Cette aptitude lui donnait de comprendre chacun dans sa vision, qu'il pouvait facilement vous aider à parfaire comme si c'était lui qui l'aurait mise en vous. Ce fut l'un des éléments qui le rendait différent de ses prédécesseurs dont il sut saisir la vision en l'élargissant pour innover.

La deuxième caractéristique de la vision exceptionnelle du caméléon lui vient de sa vision stéréoscopique : « Une fois la proie localisée, les yeux se focalisent dans la même direction et procurent une vision stéréoscopique et une perception de la profondeur[49]. » La profondeur des pensées de Daniel fut un autre élément qui lui conférait cette particularité du leadership-visionnaire. On peut anticiper les choses d'une manière assez profonde, au point où tout semble être examiné dans les détails : les corrélations, les implications, et les probables conséquences perçues et exposées. Cela relève de la particularité de Daniel. Il existe une autre caractéristique du caméléon que Daniel incarnait : l'adaptation.

Une capacité d'adaptation

Les caméléons manquent pratiquement de tous les moyens ordinaires de protection, tels que la vitesse dans les jambes pour fuir le danger, des ailes pour voler, des armes de défense comme du venin, etc. C'est pourquoi ils sont « arboricoles » : ils vivent dans les arbres, leur milieu de vie où Dieu leur confère des armes spéciales de survie.

---

[48] Encyclopédie du Larousse, « caméléon », https://www.larousse.fr/encyclopedie/vie-sauvage/caméléon/178193.

[49] *L'illustré*, « Les bizarreries du caméléon panthère », 22 avril 2021, https://www.illustre.ch/photos/les-bizarreries-du-cameleon-panthere.

La peau des caméléons « est entièrement recouverte d'écailles, toutes de taille égale[50] », leur donnant une texture parfaite pour se fondre dans leur environnement. Et sous cette peau, Dieu leur a créé un mécanisme de changement de couleur qui est dû à « l'expression des émotions ou des variations de température du caméléon[51] ». « Cette caractéristique est en réalité une réaction physiologique dont l'objectif principal est de communiquer. L'animal utilise ce langage coloré pour s'exprimer face à ce à quoi il est confronté : la parade nuptiale, la compétition, le stress environnemental[52]. » Il s'agit d'une réaction et d'une adaptation à l'environnement et aux situations que je retrouve également chez Daniel. Je dirais volontiers, en expression africaine, qu'il était né ainsi comme un don offert par Dieu. Daniel pouvait s'adapter aux différentes catégories de membres que compose l'IFES. Cela me rappelle le descriptif du grand leader selon 1 Corinthiens 9.20-22 : « Avec les Juifs, j'ai été comme un Juif [...] Je me suis fait tout à tous... » (S21). Avec les élèves et les étudiants, il n'y a que la taille de Daniel qui pouvait le trahir ; il était capable de s'adapter à eux et de ramener sa connaissance à leur niveau afin de pouvoir échanger avec eux. Il en était de même avec les intellectuels ; son interdisciplinarité était sans précédent. Une seconde caractéristique qu'il faut connaître du caméléon pour mieux comprendre cette aptitude d'adaptabilité concerne la forme de son corps.

Le caméléon a « un corps aplati latéralement[53] » : cette forme réduit leur visibilité et leur permet de mieux grimper et se cacher. Par analogie contrastée, la taille de Daniel lui permettait d'embrasser aussi bien les personnes de petites et moyennes tailles que celles de tailles élancées comme lui. Nul ne pouvait rester dans l'entourage de Daniel et manquer de son chaleureux accueil, celui de se retrouver dans ses longs bras. Sa capacité de s'adapter aux autres ne concernait pas seulement les accolades, car c'était aussi et surtout dans son leadership que se manifestait cette accommodation. Je l'avais expérimenté au niveau de

---

[50] Encyclopédie du Larousse, « caméléon », https://www.larousse.fr/encyclopedie/vie-sauvage/caméléon/178193.

[51] *Ibid.*

[52] Patricia Edmonds, « Pourquoi les caméléons changent-ils de couleur ? », 21 octobre 2022, *National Geographic*, https://www.nationalgeographic.fr/animaux/2022/10/pourquoi-les-cameleons-changent-ils-de-couleur.

[53] Encyclopédie du Larousse, « caméléon », https://www.larousse.fr/encyclopedie/vie-sauvage/caméléon/178193.

la région des GBUAF mais aussi et surtout quand il occupait la position
du secrétaire mondial de l'IFES.

Au niveau régional, son leadership était bien contextuel. Dans sa
vision de faire des GBUAF le mouvement prophétique pour l'Afrique,
il avait su se faire entourer de collègues de différents arrière-plans
scientifiques et culturels. Son leadership fut axé sur le principe
d'homogénéité d'une équipe composée exclusivement d'Africains en
qui résidait une vision du monde et du ministère presque homogène.
Partant de notre identité d'Africain hybride où prédominait le côté
africain du temps « circulaire » et non chronos-linéaire, il sut créer
un système où l'apprentissage du changement du paradigme finit
par devenir une seconde manière de travailler. Car il est difficile de
changer la culture traditionnelle inhérente aux Africains. Sa rigueur
dans le domaine financier où l'Occident considère les Africains comme
incapables ou corrompus n'était pas toujours bien comprise. Cependant,
il sut s'adapter aux exigences des normes internationales sans laisser
transparaître devant ses collègues africains les incongruités vécues.
Il faut avoir été à sa place pour comprendre ce rôle de camouflage
et d'adaptation que lui imposait sa position de secrétaire régional :
plaider devant des bailleurs pour les grands besoins de la région,
supporter toutes les remises en cause du budget élaboré après tant de
tractations, de multiples questions de justifications ou de preuves. Et
une fois au niveau de la région, supporter les plaintes de l'insuffisance
de fonds alloué aux différents projets du ministère. Il faut savoir
s'adapter à chaque situation, changer de « veste » de quémandeur
d'un côté et devenir le défenseur des allocations de l'autre. Daniel
jouait parfaitement ce rôle jusqu'à ce qu'il passe d'un poste régional
à un poste mondial.

J'ai eu l'unique grâce de l'avoir comme leader au niveau régional
comme au niveau mondial. Car j'ai été désigné pour lui succéder sur
le plan régional, devenant ainsi un membre de son équipe sur le plan
mondial. C'est alors que j'ai découvert un autre Daniel que celui que
j'ai connu sur le plan régional. Un proverbe dans mon ethnie dit : « Si
le tam-tam change de rythme, il faut aussi changer de danse. » Au
niveau régional, ses collègues à gérer étaient tous des Africains ; au
niveau mondial, ses collègues étaient de 11 régions représentant le
monde entier. J'ai vu Daniel métamorphosé et son adaptabilité révéler
son génie : un Africain francophone dirigeant une structure mondiale
dont la langue de travail est l'anglais. Daniel était devenu bilingue ou

plutôt trilingue, car il faut ajouter le moudang, sa langue de cœur. Je ne saurais décrire en combien de couleurs il devait se changer comme le caméléon. Le minimum c'est 11 et Daniel sut contenir le monde entier pour amener une structure de l'état de routine à l'état professionnel, dotée à la fois d'une planification stratégique et opérationnelle.

Une capacité à s'accrocher fermement

Tous ces différents éléments caractéristiques du caméléon que j'ai utilisés pour illustrer le leadership atypique de Daniel ne l'ont pas pour autant fait changer sa base de foi évangélique. Science et conscience restèrent solidement attachées dans la vie de Daniel. Et c'est la dernière caractéristique que je vais emprunter au caméléon pour illustrer le profond attachement de Daniel à sa foi évangélique que les différentes responsabilités n'ont pu émousser. Si vous observer bien un caméléon, « ses pattes équipées de griffes lui servent de pinces pour s'agripper aux branches[54] ». L'enracinement profond dans la culture africaine de Daniel et son interdisciplinarité scientifique furent l'ancre du bateau de sa foi qui empêcha tout naufrage de sa foi évangélique.

On pourrait me taxer d'avoir écrit une épopée sur Daniel, car tout semble être si parfait qu'après Jésus, le numéro 2 de la foi serait Daniel Bourdanné. Ce n'est pas ce que je voudrais montrer par mon témoignage sur un homme qui m'a profondément inspiré. Il était pour moi un vrai, un bon disciple africain du Christ qui vécut dans le spectre de son Maître. Et pour fermer la page de mon témoignage sur mon ami-collègue et chef-leader, je parlerai de deux anecdotes : la première vécue à Cotonou au Bénin et la seconde à Dubaï dans la Fédération des Émirats arabes unis.

L'expérience du zémidjan

Zémidjan qui signifie en langue fon « emmène-moi vite » est un taxi-moto que l'on trouve au Bénin avant les années 1990. Il est répandu dans presque toute l'Afrique et en Asie. Un *zémidjan* transporte des poulets et toutes sortes de marchandises. Parfois sa charge peut aller jusqu'à six personnes, s'il s'agit des enfants.

---

[54] Chloé Gurdjan, « les 6 infos à savoir sur le caméléon », 26 décembre 2019, *Géo*, https://www.geo.fr/environnement/les-5-infos-a-savoir-sur-le-cameleon-199230.

Voici le leader « caméléon » en visite au Bénin. S'adaptant à tout, il ne refusa pas d'utiliser le moyen de transport le plus rapide et le moins cher d'un point à un autre dans la ville de Cotonou. Mais, pour ceux qui connaissent les taxis-motos des années 1990, c'étaient de petites motos-dame que la pauvreté économique avait converties en moyen de subsistance. Je vous en prie, ne riez pas quand je vais décrire Daniel Bourdanné sur l'une de ces motos. Imaginez Daniel avec sa grande taille assis sur le siège-arrière du conducteur ; la tête du conducteur lui venant au niveau de la poitrine ; de loin et en face, c'est un spectacle inédit. Mais ce qui était drôle, c'étaient ses jambes pliées, les genoux formant un arc-boutant derrière le taxi-moto. Voilà un client particulier qu'emporta Codjo le « taxi-moto-man ». Sur la grande chaussée, Daniel s'extasiait de sa nouvelle expérience. Une fois arrivés dans la zone du grand marché Tokpa où la circulation était dense, l'arc-boutant que formaient les jambes pliées de Daniel cognait tantôt à gauche, tantôt à droite ; ce qui fit basculer le centre de gravité des deux occupants de la moto ; n'eut été la maîtrise professionnelle du conducteur, les deux allaient se retrouver par terre. Une fois la moto stabilisée, Daniel, allant à un rendez-vous avec les étudiants et ne voulant pas être en retard, convint avec le conducteur de continuer l'expérience. Le « taxi-moto-man » faisant de la vitesse ne comprit pas qu'il avait derrière lui l'arc-boutant. Il passa tout près d'un piéton que le genou de Daniel cogna si fortement qu'il tomba à terre. Il fallait s'arrêter pour régler l'incident-accident. Arrivé à la réunion où l'attendaient une centaine d'étudiants, Daniel raconta dans un humour à faire mourir de rire son expérience de *zémidjan* à Cotonou. Cet épisode précéda celle qui me montra une face cachée de mon ami. Nous étions à Dubaï, en mai 2009, pour une réunion de travail.

Le rallye de Dubaï

Je suis devenu membre de l'équipe du secrétaire mondial en 2007. L'été, qui va de mai à septembre, est extrêmement chaud et ensoleillé aux Émirats arabes unis. La température dépasse allégrement 40 °C. Elle peut même atteindre des records qui avoisinent 55 °C. Après des jours longs, pénibles et chauds de travaux, il était programmé que nous fassions une immersion culturelle dont le rallye faisait partie. Le choix fut porté sur le safari : il s'agit d'explorer les terrains désertiques de Dubaï et de pratiquer les sports du désert, comme le rallye dans les dunes, et les balades en quad et à dos de chameau en option, et de savourer un barbecue en option. J'avais eu l'occasion d'être dans la même voiture que Daniel pour le rallye. Quand le conducteur démarra en trombe, le visage de notre « boss » changea au premier virage renversant ; il s'agrippa au siège de devant lui à telle enseigne que nous autres occupants de la voiture éclatâmes de rire : le « boss » avait visiblement peur et s'était tenu tout triste. La danse de rallye ne faisait que commencer et ce fut pour lui le plus mauvais souvenir de la sortie. Ce fut pour nous tous la grande découverte de notre « boss » durant cette belle partie du safari. Oui, mon ami-collègue, leader-chef, avait bien eu peur du rallye en voiture dans la dune du désert. Et il pouvait avoir peur car il était aussi humain.

Conclusion

Daniel a été, est et sera encore pour longtemps dans la mémoire de ceux avec qui il avait vécu : un bon modèle africain et mondial de disciple du Christ. Si l'ancestralité peut être comprise comme l'impact socio-anthropologique de la vie d'une personne sur des générations, Daniel Bourdanné devrait être compté comme l'un des grands « ancêtres » des GBUAF et de l'IFES.

Augustin Cossi Ahoga
Secrétaire régional des GBUAF (2007-2019)
Secrétaire itinérant des GBUAF (2000-2007)
Ancien secrétaire général du GBEEB
Bénin

UN LEADER AIMABLE ET SERVIABLE

Daniel était un leader animé d'un sens d'humilité. Il se rabaissait jusqu'au bas de l'échelle pour ne pas aller à l'encontre de la Parole de Dieu. Daniel était une personne qui passait beaucoup de son temps à écouter ses interlocuteurs en vue de répondre à leurs attentes. Il stimula celles et ceux qui hésitaient à prendre des initiatives à les prendre et à aller jusqu'au bout de leurs rêves. Il était accessible à tout le monde, sans exception aucune. C'était une personne qui connaissait la valeur humaine : il était prêt à aider les faibles à émerger en enseignant, en encourageant, en orientant, en conseillant, etc. Il était doté de sagesse et de connaissances exceptionnelles, il était très cultivé (un autodidacte) et ne cessait d'apprendre tous les jours en partageant avec les autres.

Je vais évoquer, dans les lignes qui suivent, le souvenir du partage qu'il avait fait avec moi sur une partie de sa vie d'une part et du meilleur profit que j'ai tiré de ses différentes interventions d'autre part. Commençons par son entrée à l'école de Dieu dans l'UJC du Tchad.

L'entrée à l'UJC du Tchad

Lors du dernier voyage de notre frère Daniel Bourdanné au Tchad en décembre 2019, j'ai passé des moments pas comme les autres avec lui à la maison (N'Djamena). J'ai reçu des conseils, des mots d'encouragement et aussi des témoignages sur les meilleurs moments passés dans les camps de l'UJC, pendant qu'il était au Tchad comme élève et étudiant. Cela m'a amené à poser quelques questions. Au sujet de son entrée à l'UJC, il me répondit :

Mon entrée à l'Union des Jeunes Chrétiens (UJC) du Tchad est dans le plan de Dieu. Je ne connaissais pas le mouvement UJC avant, mais c'est grâce à un missionnaire de l'Église Fraternelle Luthérienne du Tchad (EFLT) de mon village, situé à quelques kilomètres de Pala que j'ai fait mon entrée dans ce mouvement qui m'a fait du bien. Je venais régulièrement chez ce missionnaire pour lui prêter des livres à lire. Ce missionnaire m'a dit : « Je viens chaque semaine à Pala pour animer l'étude biblique avec un groupe de jeunes à Pala. Si tu es intéressé, je t'invite à y venir avec moi. » C'est ainsi que nous étions partis ensemble à Pala pour ce moment d'étude biblique avec ces jeunes de l'UJC. Notre texte d'étude se trouvait dans Apocalypse 1 sur la vision de Jean dans l'île de Patmos. Je ne savais pas que quelques années plus tard, j'allais devenir « prisonnier » de Jésus dans l'œuvre de Dieu. Ensuite, j'étais venu à N'Djamena pour continuer mes études en seconde S au lycée Félix Éboué où nous avions œuvré ensemble dans l'UJC avec quelques frères jusqu'à l'université de N'Djamena, plus précisément à la faculté des sciences exactes et appliquées. Je voudrais nommer : Djikolngar Maouyo, Djikoloum Magourna Samuel, Ngaryadji Seji Sainta, entre autres.

Oui, Dieu fait le choix de qui il veut à un moment précis ou stratégique pour le servir. Nous l'apprenons de l'histoire de David, un petit berger qui était derrière les brebis en brousse et Dieu avait porté son choix sur lui pour le servir ; notre frère Daniel Bourdanné en était un exemple. Son engagement comme missionnaire au sein des Groupes Bibliques Universitaires (GBU) en dit long.

L'engagement comme missionnaire au sein des GBU

Son engagement comme missionnaire au sein des GBU débuta dans un amphithéâtre de l'université d'Abidjan (Côte d'Ivoire). Aussi me confia-t-il :

J'avais décidé de l'annoncer à mes étudiants ce jour en ces termes : « Mes chers amis, aujourd'hui, c'est mon dernier jour de cours avec vous. » Ils (les étudiants) répondaient : « Monsieur, vous allez où ? » Et si je répondais que j'allais partir servir au sein des GBU, ils n'allaient pas comprendre. J'avais répondu : « Je vais aller devenir pasteur. » Je suis l'aîné de la famille et le premier docteur de ma communauté ; toute la famille comptait sur moi, et décider de devenir pasteur n'était pas une décision facile pour moi. J'avais beaucoup lutté avec moi-même avant de décider de servir le Seigneur. Après cette annonce, quelques étudiants répondaient en ces termes : « Ce monsieur, brillant qu'il soit, s'il décide de servir le Seigneur, il y a quelque chose d'important dans son affaire de Jésus. » Quelques années plus tard, six de mes étudiants de l'université d'Abidjan ont décidé de devenir pasteur, même mon directeur de thèse avait donné sa vie au Seigneur. J'ai décidé de m'engager dans le GBU pour servir le Seigneur, parce que j'ai observé ces jeunes garçons et filles qui font face à une vie sans un accompagnement sérieux. Mon cœur saigne et j'ai décidé de m'engager au service de ces jeunes.

Dieu appelle des personnes qui sont importantes pour une communauté, en vue d'opérer un changement jusqu'au bout du monde pour sa gloire. La vision en est certainement la base.

La vision, base du développement et de la valorisation de l'UJC du Tchad par les Églises

Lors du 31ᵉ congrès de l'UJC du Tchad tenu du 27 mars au 1ᵉʳ avril 2015, le frère Daniel avait encouragé les jeunes à être résilients face aux difficultés de la vie et à bien étudier pour relever les défis du développement du Tchad et de l'Afrique. Nous devons avoir une vision et étudier intentionnellement pour réaliser cette vision. Il y a quelques années, la Chine et quelques pays de l'Asie étaient sous-développés ; mais aujourd'hui, ils font partie des grandes puissances parce qu'ils ont une vision.

À la cérémonie de clôture dudit congrès, le frère Daniel s'était adressé aux responsables d'Églises et d'œuvres en présence de deux anciens premiers ministres et ministres et des autorités présentes par cette histoire :

Un grand roi était parti voir la reine d'Angleterre et il était allé, habillé d'or massif pour voir la reine et lui demander de l'argent. L'argent dont disposait la reine n'était rien par rapport à la richesse qu'il trimbalait sur ses bras, sur ses babouches. Oui, il se pourrait que l'Église tchadienne puisse être ainsi vis-à-vis de cet instrument qui est l'Union des Jeunes Chrétiens du Tchad, ignorant la richesse à sa disposition et tournant les yeux ailleurs. Et le témoignage dans cette salle, c'est qu'il n'y a pas de partis politiques qui aient produit plusieurs ministres, plusieurs premiers ministres, plusieurs députés, plusieurs cadres. Et quand vous regardez dans cette salle ces responsables, ce qui est un échantillon, ces responsables, ces anciens ministres, premiers ministres, les gens qui agissent à différents niveaux de la vie, ce sont des gens dont le caractère a été modelé, ne serait-ce qu'en partie à l'UJC, parce qu'il faut être humble, parce que l'UJC n'est pas le seul mouvement.

La culture du don

J'ai été marqué par les interventions du grand frère Daniel Bourdanné lors de la conférence panafricaine des GBUAF, tenue à Yaoundé du 6 au 13 août 2010 au lycée technique industriel de Nkolbisson, appelé lycée canadien. Le thème de cette conférence était : « Des pierres vivantes pour une Afrique nouvelle », tiré de 1 Pierre 2.4-5. L'homme présentait la vision des pierres vivantes qui se résume en ces mots : « Des étudiants formés en communauté de disciples, transformés par l'Évangile et ayant un impact sur l'université, l'Église et la société pour la gloire du Christ. » Une vision qui a guidé son leadership durant son mandat passé à la tête de l'IFES.

Son intervention s'articulait autour de six priorités stratégiques qui sont :

- Communiquer la bonne nouvelle de Jésus-Christ ;
- Renforcer le leadership et la formation ;
- Encourager l'intégration des étudiants au sein des Amis ;
- Mobiliser un soutien durable ;
- Aborder les sujets d'actualité mondiaux ;
- Investir l'université.

Pour présenter sommairement les six priorités stratégiques, il aborda la question de la mobilisation et du soutien durable en demandant aux élèves et étudiants présents dans la salle de s'asseoir. Là, j'ai remarqué que nous, élèves et étudiants, étions plus de 70 % dans la salle. Il poursuivit : « Je demanderais aux élèves et étudiants qui n'ont pas de téléphone portable de s'assoir. » Environ 65 % des élèves et étudiants étaient debout. Il ajouta : « En voyant ce nombre, si un élève ou un étudiant épargnait 5 ou 10 FCFA par jour pour soutenir l'œuvre des GBU, l'œuvre ne va pas souffrir. »

La question du soutien de l'œuvre des GBU par les membres était une préoccupation majeure pour le grand frère Daniel. Quelques jours après, il interpellait les membres des GBU à prendre au sérieux le soutien de l'œuvre :

En ma qualité de secrétaire général de l'IFES, je suis le missionnaire des GBUAF et, lorsque je me rends compte que mon soutien vient totalement de mes frères occidentaux, mon cœur saigne. Je rêve que mes soutiens viennent de mes frères de ma région d'origine, c'est-à-dire de l'Afrique francophone...

Cette interpellation de notre frère fut un défi pour nous, membres de l'IFES-Afrique francophone, nous qui dépendions encore du soutien venu d'ailleurs. Lors de la cinquième édition de la panafricaine des GBUAF à Cotonou en 2019, l'actuel secrétaire régional des GBUAF, le Dr Klaingar Ngarial, présentait le tableau du soutien de l'œuvre en Afrique francophone dont 97 % viennent d'ailleurs. Oui, l'heure de se réveiller pour relever ce défi du soutien de l'œuvre avait sonné, pour que l'attente de notre frère Daniel Bourdanné soit comblée, au lieu de continuer à regarder ailleurs : « Les élèves et étudiants qui soutiennent financièrement l'œuvre des GBU étant sur le banc d'école aujourd'hui, seront les bailleurs ou partenaires financiers des mouvements nationaux ou de l'IFES de demain. »

Dans la culture tchadienne en général et dans notre culture ngambai en particulier, les parents testent leurs enfants dès leurs bas âges par la culture du don. Lorsqu'un père a deux enfants, par exemple, Gadmadji et Gadnodji, il va donner un gâteau à Gadnodji sans en donner à Gadmadji et il va demander à Gadnodji de le diviser pour en donner une partie à Gadmadji. Si Gadnodji refuse, le père va le chicoter et récupérer le gâteau pour donner à Gadmadji qui va tout manger. En donnant cette leçon à Gadnodji, demain, lorsque papa donnera de la nourriture à Gadnodji, il cherchera Gadmadji pour la partager avec lui. C'est ce qu'on appelle « tuer l'avarice à la base » pour inculquer la culture de la générosité à l'enfant ; et en grandissant, il va garder cette culture de générosité.

En partageant cette leçon de choses qui est un repère pour l'éducation tchadienne, je trouve combien il est important, en tant que nouvelle génération, de prendre au sérieux cette culture du don ou de soutenir nos mouvements nationaux d'une manière régulière, selon ce que le Seigneur nous donne ou nous met à cœur pour soutenir nos mouvements nationaux, notre région Afrique francophone ou l'IFES. Le souci majeur de Bourdanné était de bien accompagner les jeunes, afin qu'ils comprennent les choses et qu'ils mesurent l'immensité de la tâche ou l'ampleur de la responsabilité qui les attend au sein des GBU. C'était sa manière de donner de la considération aux ressources humaines.

La considération des ressources humaines

Je me rappelle cette assertion de Daniel : « Dans la Parole de Dieu, il n'y a ni petit ni grand ; devant le Seigneur, nous sommes tous égaux. » Ici, l'homme dénonçait cette manière de donner de la considération à la classe supérieure constituée des grandes personnes qui manque d'attention envers la classe moyenne. Il enfonça le clou : « Dieu ne considère pas cela, Jésus en a donné l'exemple en demandant de laisser venir à lui les enfants, car le royaume de Dieu est pour leur pareil. » Notre frère avait l'habitude de dire qu'en matière de leadership, la Parole de Dieu ne fait pas de cadeau à la domination des plus faibles par les plus forts. Il trancha : « Le leadership selon le monde est un leadership où les plus forts écrasent les plus faibles, c'est un leadership de domination, un leadership des tyrans et nous n'en voulons pas dans le milieu chrétien. » Il était le catalyseur pour la jeunesse.

Le catalyseur par excellence pour la jeunesse

Bourdanné était une personne qui ne voulait pas qu'un jeune se considère comme trop inférieur par rapport aux grandes personnes. Dans nos échanges téléphoniques, nous discutions de la question de prendre des initiatives et je disais en substance : « Je ne voudrais pas me mettre en avant ; il faut que l'ancienne génération donne le coup d'envoi avant de m'élancer. » Il répliquait en ces termes :

> Hubert, je ne partage pas ton avis. Je ne suis pas de ceux qui croient que la nouvelle génération ou un enfant n'a rien de bon à donner. L'ancienne génération ne doit pas aussi écraser la nouvelle génération ou les petits. Les deux doivent se mettre ensemble pour travailler et avancer. L'ancienne génération doit faire confiance à la nouvelle en lui laissant prendre des initiatives sans contrainte ; et [...] l'aider à s'améliorer pour avancer, au lieu de l'empêcher de prime abord ou rejeter ses idées. C'est ça, le sens de l'accompagnement que, moi, je trouve normal. Je ne veux pas que les jeunes se sous-estiment, mais qu'ils puissent être confiants et croire qu'ils ont également des choses positives à donner aux autres. Je ne suis pas de ceux qui croient que c'est l'ancienne génération seulement qui a le dernier mot ou qui a quelque chose de positif à donner.

Cette considération que ce serviteur donnait à la nouvelle génération m'a beaucoup touché. Il y a souvent de nos jours un choc entre l'ancienne génération et la nouvelle en Afrique et cela crée une sorte de méfiance, de frustration et d'écart entre les deux. De même, il se pose le problème de l'investissement humain.

L'investissement humain en Afrique

En abordant la deuxième priorité stratégique sur le renforcement de leadership et la formation, le grand frère Daniel Bourdanné fit une déclaration qui reste gravée dans ma mémoire :

> Les ressources de l'Afrique ne sont pas, de prime abord, minières ni pétrolières ni choses semblables, elles sont essentiellement humaines. L'Afrique doit investir dans les ressources humaines pour avoir de l'impact dans la société, là où nos leaders africains ont échoué. L'Église africaine ou les leaders chrétiens en Afrique doivent relever ce défi.

La question d'investissement humain ou de la formation des ressources humaines était au centre de la préoccupation quotidienne de notre frère Bourdanné : il convient d'investir d'une manière intentionnelle de ce côté en vue d'avoir un résultat positif dans le futur. À cela s'ajoute la stratégie de l'IFES d'investir l'université ou d'interagir avec elle.

Investir l'université ou interagir avec l'université

L'université est un lieu stratégique pour les GBU dont la raison d'être est de l'investir par l'Évangile et d'interagir avec elle à cet effet. En développant ses quatre séries de conférences à la panafricaine de 2010, le frère Bourdanné avait invité les élèves et étudiants à être stratégiques dans la communication de l'Évangile : il faut développer le volet social de l'Évangile pour produire des résultats escomptés à la gloire de Dieu. Ainsi martelait-t-il :

> Vous devez chercher à connaître la condition sociale des étudiants qui sont avec vous au campus et chercher des solutions à leur problème social avant d'annoncer l'Évangile. Vous pouvez inviter vos amis étudiants à partager vos plats de haricot ou de riz lorsque vous êtes sur le campus. Vous devez éviter l'avarice. Un étudiant qui est en train de manger son plat de haricot dans un restaurant et qu'à l'approche d'un ou d'autres étudiants, il se précipite pour finir son plat constituera un obstacle au progrès de l'Évangile. L'Évangile doit intégrer la dimension sociale de l'être humain pour éviter que sa dignité soit heurtée.

Conclusion

Daniel était un leader aimable et serviable. Il a consacré sa vie à la cause la plus noble selon lui : l'Évangile. Je me réjouis de ce qu'il a servi cette cause à tous les échelons en restant fidèle aux valeurs qu'il défendait et en laissant autant de bons témoignages derrière lui. Son impact a été au-delà des frontières tchadiennes et africaines. Son influence sur la nouvelle génération est indescriptible et à jamais il restera un modèle et un éclaireur devant nous.

Hubert Djimasra Djélar
Ancien responsable de l'UJC
Tchad

UN SERVITEUR ADMIRABLE ET ADMIRÉ

J'ai rencontré Daniel Bourdanné pour la première fois dans le cadre des Groupes bibliques universitaires au Burkina Faso, à une date dont je n'ai plus souvenance. Par la suite, nous nous sommes revus à Abidjan en 1995, au Centre évangélique de formation en communication pour l'Afrique (CEFCA). Je m'y étais retrouvée, dans un premier temps, pour un atelier des écrivains en herbe en milieu évangélique, puis pour une formation en leadership.

L'homme allait devenir pour moi un frère, un collègue mais aussi un mentor. Pendant ses voyages au Burkina Faso, il prenait toujours le temps de rendre visite à ma famille et nous partagions des repas simples ensemble. Je peux retenir de Daniel qu'il était un serviteur particulier. J'ajoute que c'était un serviteur de Dieu qui forçait l'admiration par son leadership, mais aussi par le fait que, très tôt, il avait un message pour l'Église en général et pour les écrivains chrétiens en particulier.

Un serviteur qui forçait l'admiration par son leadership

Le leadership de Daniel était empreint d'humilité, d'une volonté d'être libre dans sa manière de parler. Il faisait preuve d'une influence qui impactait son entourage.

L'humilité

Feu le pasteur Florent Ilboudo aimait dire, lorsque le frère Daniel passait à la maison : « J'aime les Tchadiens en général et celui-ci en particulier, parce qu'il me rappelle un autre jeune tchadien que j'ai rencontré en Angleterre. Ils sont tous simples ; vraiment, j'apprécie la simplicité et l'humilité de cet homme ; il est un bon serviteur de Dieu. »

J'ai remarqué lors de nos rencontres internationales que l'homme se montrait humble par sa manière de s'habiller, qui n'avait rien à voir avec l'extravagance de certaines personnes de son acabit. Ensuite, son humilité se voyait à travers sa manière de participer aux débats. Jamais il n'était pressé de prendre la parole. Lorsqu'il intervenait, ses propos pleins de sagesse et de richesse venaient remettre en cause tout ce que l'on avait dit avant lui.

À la rencontre d'Africa Leadership Study à Nairobi en 2012, nous étions parmi les rares francophones du groupe. Alors que les anglophones passaient le temps à discourir inlassablement, mon frère Daniel écoutait avec des yeux scrutateurs ; puis, quand tout semblait être conclu, la parole lui était donnée pour avoir le point de vue des francophones. Sa réponse bâtait en brèche tout ce qui avait été dit auparavant, obligeait le modérateur à relancer les débats en petits groupes formés à cet effet, pour prendre en compte les préoccupations des différentes langues représentées.

Une autre fois, nous étions à Chicago en 2018 pour le lancement d'Africa Speaks (l'Afrique parle). Lors de ce rassemblement, qui avait pour objectif la promotion d'une littérature chrétienne florissante en Afrique, la parole fut donnée au frère Daniel pour le message inaugural. Du haut de son imposante taille, il livra un message poignant qui ne laissa personne indifférent, surtout pas les Occidentaux. Ces derniers comprirent à travers les propos bien mesurés de Daniel, qu'à travers les âges, l'Afrique a toujours parlé de différentes manières et elle continue de parler, même si certaines personnes ne tiennent pas toujours compte de ce qu'elle dit.

La volonté d'être libre dans sa manière de parler

J'ai pu expérimenter cela lors des conférences de Media Associates International (MAI). Lors d'une des conférences en Angleterre, où naturellement la majorité des participants étaient des anglophones, mon frère Daniel devait donner la méditation un matin et avait tenu à s'exprimer en français, pour le faire librement et dire les choses qui lui tenaient à cœur. C'était alors que je fus sollicitée comme interprète, alors que je savais que mon niveau d'anglais n'était pas si élevé que le sien. La deuxième fois qu'il fit montre de la même exigence, c'était lors de son message inaugural délivré au lancement d'Africa Speaks. À cette occasion, l'homme qui tenait à dire les choses telles qu'il les ressentait, avait choisi de s'exprimer en français et il fallait que les anglophones portent des écouteurs pour suivre le message. Au-delà de la volonté d'être libre dans sa manière de parler, mon frère Daniel voulait imposer le respect des francophones aux anglophones et leur faire comprendre que nous avons le droit de nous exprimer dans la langue dans laquelle nous sommes le plus à l'aise.

La capacité d'être un bon mentor

Le frère Daniel était, de par son leadership, comme un Barnabas : celui qui aide et encourage les autres à accomplir leur vision. Le frère Daniel a été un Barnabas dans ma vie. C'est vraiment le lieu pour moi de rendre hommage à ce frère. En 1992, j'avais lancé la publication du magazine « Contact Évangélique » au Burkina. Le magazine avait franchi les frontières du Burkina et a été distribué dans des pays comme la Côte d'Ivoire où le frère Daniel était un point focal pour en faciliter la distribution. Je crois que c'est ce qui a favorisé mon rapprochement des frères et sœurs résidents en Côte d'Ivoire et a certainement ouvert la porte à certaines opportunités dans le domaine de l'écriture. C'est ainsi qu'en avril 1997, je fus associée à un atelier en Côte d'Ivoire pour l'écriture du livre *Leadership pour l'excellence*, (PBA, 2002), publié sous la direction de Daniel Bourdanné. Comme Paul ne pouvait avoir voix au chapitre parmi les disciples sans la contribution de Barnabas, je n'aurais pas pu avoir place dans le ministère de l'écriture pour lequel j'ai reçu l'appel en 1990 – alors que j'étais en formation biblique en Angleterre – sans l'investissement du frère Daniel dans ma vie.

Exercer un leadership de l'influence

Selon Maxwell (1998), « la véritable mesure du leadership est l'influence, rien de plus, rien de moins[55] ». Pour lui, « le véritable leadership ne peut être attribué, nommé ou assigné. Il provient uniquement de l'influence et celle-ci ne peut être imposée. Il doit être mérité. » Il poursuit : « Lorsqu'il s'agit d'identifier un vrai leader [...] n'écoutez pas les affirmations de la personne qui professe être le leader. N'examinez pas ses références. Ne vérifiez pas son titre. Vérifiez son influence. » Il conclut par un célèbre proverbe sur le leadership : « Celui qui pense diriger, mais qui n'a pas de partisans, ne fait que se promener[56]. »

L'influence du leadership du frère Daniel est allée au-delà de sa terre natale, le Tchad, et a même franchi les frontières de l'Afrique. Plusieurs frères et sœurs de l'Asie, des Amériques et de l'Europe ont bénéficié de la qualité du leadership de notre frère. Les personnes présentes à ses obsèques en étaient le témoignage.

---

[55] John C. Maxwell, *Les 21 lois irréfutables du leadership, Suivez-les et les autres vous suivront*, Québec, Gied Editions, 2002, p. 19.
[56] *Ibid.*, p. 20.

Un leadership renforcé par sa capacité d'écouter les autres avec empathie

Écouter avec empathie est une grande qualité. C'est une manière d'écouter qui permet de comprendre le point de vue et les sentiments des autres ; il ne s'agit pas d'écouter pour répondre nécessairement. Daniel avait la capacité de rester silencieux et d'écouter quelqu'un pendant longtemps. J'ai pu expérimenter cela à différentes occasions lors de nos entretiens ou lors des rencontres internationales, lorsque les discussions se faisaient en petits groupes. Il n'était jamais le premier à prendre la parole. Il écoutait tout le monde avant de parler : cela lui permettait d'apporter toujours des réponses appropriées.

Renforcer les compétences des autres et les placer en position de leader

Les bons leaders sont les personnes qui savent s'investir pour la croissance des autres ; ils agissent de manière à donner une parcelle de pouvoir aux autres. Ils leur donnent de l'autonomie et du soutien. Ce sont des gens qui savent déléguer sans essayer de faire une mini-gestion à côté. Cela nous renvoie à la loi de l'autonomisation de Maxwell qui stipule que « seuls les leaders sûrs donnent du pouvoir aux autres[57] ». Cela signifie que les leaders sûrs passent leur temps à « identifier les leaders, à les développer, à leur donner des ressources, de l'autorité et des responsabilités puis à les laisser s'épanouir [...][58] ».

C'est ce que le frère Daniel a su faire à travers les GBUAF et les PBA qui continuent de grandir pour le bonheur de toutes les personnes bénéficiaires de ces ministères qu'il avait autrefois dirigés. Daniel était aussi un serviteur qui avait un message pour l'Église.

Un serviteur porteur d'un message pour l'Église

Lors du dîner qui clôtura le forum des éditeurs chrétiens ouest-africains organisé par les Éditions Contact du 26 au 28 avril 2000, à Ouagadougou, alors secrétaire régional des GBUAF et directeur des PBA, Daniel avait livré un message. Je découvre avec le recul qu'il était un homme qui avait un message pour l'Église. Il insistait sur l'importance

---

[57] *Ibid.*, p. 83.
[58] *Ibid.*, p. 85.

de l'écriture pour l'Église, la diversité et la complémentarité des ministères[59].

L'importance de l'écriture pour l'Église

Pour ce qui est de l'importance de l'écriture pour l'Église, Daniel se basa sur Exode 31.1-5, 18, pour démontrer que « Dieu légitime l'importance capitale de la chose écrite en se donnant comme premier écrivain ». Insistant sur le verset 18, il affirma :

> Dieu se donne ici comme écrivain : il a écrit de sa propre main ! Quand nous lisons l'acte de création nous voyons très rarement Dieu utiliser ses propres mains pour faire quelque chose. Le texte nous dit généralement que « Dieu dit et la chose fut ». C'est quand Dieu a voulu créer l'homme qu'il a utilisé ses propres mains. Et encore ici nous voyons Dieu qui utilise ses propres mains pour écrire : le texte sur les tables de pierre a été écrit par les propres mains de Dieu ! Certes nous reconnaissons que Dieu est Esprit, qu'il n'a pas de mains comme les nôtres. Mais si le texte parle ainsi en utilisant ce langage, c'est qu'il veut surement signifier l'importance que Dieu accorde à la chose écrite[60].

Relevant du texte que ce sont sur des tables de pierres que Dieu a écrit de ses propres mains, il souligna l'importance d'un tel support :

> La pierre ne se fossilise pas rapidement. Bien au contraire. Quand les choses se fossilisent, c'est pour devenir pierre, pour rester durable. La pierre exprime la durée. Exode 31.18 indique l'importance de l'écriture qui devra être continuelle, qui va durer dans la vie du peuple de Dieu et à cause de cela Dieu prend lui-même l'initiative de donner sa parole sous cette forme. Cela nous montre combien en tant qu'hommes de Dieu, nous devrions nous attacher à la chose écrite, combien les Hommes en général doivent s'attacher à la chose écrite. C'est vrai que durant ce siècle nous parlons beaucoup plus de l'audio-visuel, mais je pense que ces choses ne dépasseront pas les choses écrites. Comment pourriez-vous avoir l'audio si vous ne partez pas du script écrit pour avoir l'audio[61] ?

---

[59] Daniel Bourdanné, « Dieu parle tantôt d'une manière, tantôt d'une autre », dans *Contact Magazine N° 44-45*, juin-juillet 2000, Ouagadougou, Burkina Faso, p. 9.
[60] *Ibid.*, p. 9.
[61] *Ibid.*

Au-delà de démontrer que Dieu légitime l'importance de l'écriture, Daniel donna une appréciation qui laisse transparaître que l'écriture a quelque chose d'extraordinaire pour lui :

> Quand vous lisez un texte écrit, il y a une intervention des yeux et de l'audition. Quand vous lisez, même dans le silence, non seulement votre activité visuelle est impliquée mais aussi votre audition ; vous vous écoutez vous-même dans le silence quand vous lisez un texte. Dieu n'a pas fait les choses pour rien. Il a voulu que sa Parole soit écrite, qu'elle puisse rester, qu'elle puisse continuer. Ceci pour montrer l'importance de la Parole de Dieu, l'importance de la chose écrite, l'importance de l'écriture et partant, l'importance des Saintes Écritures[62].

Il conclut en disant qu'en dehors même du cercle des chrétiens, « tous les peuples qui n'ont pas une forme d'écriture souffrent très souvent du manque de développement ». C'est ainsi qu'« une grande partie de l'Afrique a souffert parce que nous n'avions pas toujours la forme écrite ».

La diversité et la complémentarité des ministères de et dans l'Église

Un peu plus haut dans le passage, Dieu dit à Moïse : « Sache que j'ai choisi Betsaleel, fils d'Uri et petit-fils de Hur, de la tribu de Juda. Je l'ai rempli de l'Esprit de Dieu [...] » (Ex 31.2-3, S21). Daniel suggéra, qu'en d'autres termes, Dieu voulait dire : « J'ai désigné un pauvre type, un type qui n'est pas prêtre. Et qu'est-ce que j'ai fait de lui ? Je l'ai rempli de l'Esprit de Dieu. » Daniel ajouta que c'était « une des rares fois où nous voyons l'Ancien Testament faire mention d'être "rempli de l'Esprit de Dieu" ». Il trouvait que le message devait être assez spécial pour ce prêtre de Moïse, car Dieu se référa à la généalogie de Betsaleel, probablement pour faire comprendre à Moïse que Betsaleel n'était pas un prêtre comme lui. Daniel en fit cette observation :

> Dieu l'appelle d'une façon spéciale pour être ingénieur en bâtiment, architecte, sculpteur. Nous voyons toutes ces expressions qui sont là et qui renvoient beaucoup plus dans le domaine de la technologie, de la science et de l'art : « pour le rendre intelligent, mathématicien, ingénieur en réseau [...] ; pour le rendre habile dans toutes sortes d'ouvrages, capable

---

[62] *Ibid.*

de faire des inventions [...] de travailler le bois et d'exécuter toutes sortes de travaux ». Dieu qui remplit quelqu'un de son Esprit pour le rendre apte à faire des choses qui ne sont pas du domaine de la prêtrise ! Quelle interpellation pour nous dans nos Églises aujourd'hui où nous avons tendance à penser que l'appel de Dieu, c'est seulement pour le pastorat ! Nous avons tendance à penser que Dieu ne peut pas remplir quelqu'un de son Esprit pour le rendre apte à faire des choses qui ne sont pas du domaine de la prêtrise[63] !

Daniel nous faisait ainsi part de son rêve pour l'Église idéale, c'est-à-dire, une Église qui accepte la diversité et la complémentarité des ministères :

> Je rêve personnellement de voir en Afrique les Églises ouvrir les yeux et leurs oreilles devant le Seigneur pour discerner l'appel de Dieu parmi les gens, non pas pour aller nécessairement dans une faculté de théologie, mais peut-être pour être équipés et remplis par l'Esprit de Dieu en vue de travailler comme administrateurs. Voyez-vous comment nos Églises souffrent d'un manque d'administration [...]. Dieu veut appeler les gens à son service à différents niveaux [...]. Je rêve d'une Église qui, dans la prière et par l'imposition des mains, enverrait quelqu'un pour être formé comme ingénieur en informatique ! Je rêve d'une Église qui, dans le jeûne et la prière, recevant l'ordre du Saint-Esprit, enverrait quelqu'un pour être formé comme ingénieur en bâtiment, pour concevoir des architectures extraordinaires, pour construire des temples à la gloire de notre Seigneur ! Je crois que Dieu veut remplir de son Esprit et mettre à son service, non pas seulement des Hommes qui puissent aller dans des formations théologiques, mais aussi des gens qui puissent aller dans des secteurs spécifiques pour soutenir l'Église[64].

Un serviteur porteur d'un message pour les auteurs chrétiens

Daniel partageait sa lecture du forum des éditeurs chrétiens ouest-africains comme une expression d'un appel de Dieu : « c'est Dieu qui appelle des gens comme journalistes. » Il ne manqua pas de

---

[63] *Ibid.*, p. 10.
[64] *Ibid.*

préciser dans son message la spécificité et la difficulté du ministère de l'écrivain chrétien. Il éclaira donc les participants sur la mission ultime de l'écrivain qui est celle de construire et d'orner l'Église : Dieu appelle des gens à se consacrer à l'écriture pour l'édification de son peuple, même s'il faut admettre que l'appel à être écrivain est un appel difficile. La preuve est que « même dans le monde, les gouvernements ont toujours eu des problèmes avec les écrivains parce que leur appel est généralement de nature prophétique ». Les écrivains dans le monde séculier écrivent des choses qui ne font pas toujours plaisir aux autorités, comme les prophètes dans l'Ancien Testament qui n'hésitaient pas à dire aux responsables religieux : « Vous avez les mains couvertes de sang ! » Comment alors nos responsables ecclésiastiques accueilleraient-ils un journal qui écrirait que « les responsables ont des mains couvertes de sang[65] ? »

En s'inspirant de la mission que Dieu avait assignée à Betsaleel de construire le temple et de l'orner, Daniel fit cette autre interpellation :

> Nous devrions comprendre que la mission ultime c'est celle de glorifier le nom du Seigneur ; d'orner la maison de Dieu. Que nos plumes ne soient pas donc des instruments de « déconstruction » du temple de Dieu, mais des instruments qui ornent le temple de Dieu. Je crois que cela créera réellement un corps entre les Églises et les écrivains [...]. C'est comme cela que nous marcherons ensemble, que nous glorifierons ensemble et dans la concertation le nom de notre Seigneur[66].

Conclusion

Myles Munroe disait que « la vue est une fonction des yeux, mais la vision est une fonction du cœur[67] ». Pour résumer tout ce qui a été dit précédemment, je dirais que le frère Daniel Bourdanné était un homme de vision. Il avait une vision pour la relève et avait de même travaillé à renforcer les capacités des personnes appelées à servir Dieu, sans tenir compte de leur origine ethnique ni de leur genre. Il avait une vision pour l'Église en Afrique et aspirait non seulement à

---

[65] *Ibid.*, p. 10.

[66] *Ibid.*

[67] Myles Munroe, *The Principles and Power of Vision. Archieving Personal and Corporate Destiny*, New Kensington, Whitaker House, 2003, numéro de page inconnu.

un leadership d'excellence en son sein, mais aussi à la voir accepter la diversité et la complémentarité des ministères.

Joanna Ilboudo
Fondatrice et secrétaire permanente,
ONG Action Chrétienne, Tous pour la Solidarité (ACTS-Burkina)
Burkina Faso

UN AMI DE TOUS LES JOURS

La Bible dit : « L'ami aime en tout temps, et dans le malheur il se montre un frère » (Pr 17.17 ; LSG). Cependant, la Bible en français courant et la Bible « Parole de Vie » disent de l'ami qu'il « montre son affection en toutes circonstances » et du frère qu'il « est fait pour partager les difficultés » ou qu'il « est là pour partager les difficultés ». À la tribune de la 28ᵉ session de l'assemblée générale des Nations Unies, le 4 octobre 1973 à New York, Mobutu Sese Seko, alors président du Zaïre (actuelle RD Congo) disait, en pleine crise au Moyen-Orient, comme depuis le 7 octobre 2023, à peu près ceci : « Israël est un pays ami et l'Égypte un pays frère : entre un ami et un frère, le choix est clair. » Et il rompit sans scrupules les relations diplomatiques avec Israël. Ainsi en était-il venu à découdre avec Israël, un pays ami au profit de l'Égypte, un pays frère. Bourdanné était, pour ma famille et moi, à la fois un ami et un frère.

Un chœur chrétien très populaire que l'on aime faire chanter aux enfants à l'école du dimanche, un peu partout en Afrique subsaharienne, dit : « Jésus est mon ami, mon ami de tous les jours. » C'est tout autant par lui et en lui que nous sommes amis les uns des autres, comme Vincent Koutouan Nangor et Daniel Kadébé Bourdanné. Vincent était effectivement un ami de Daniel, un ami de tous les jours, un ami dans tous les sens. Leur amitié marquait de ses empreintes indélébiles leurs familles respectives, la clinique Sarepta, la grande famille des GBUAF, etc. Elle se répandait au près et au loin. Elle crevait les yeux et réjouissait les cœurs aux grands rendez-vous du mouvement estudiantin à l'échelle régionale et internationale. Comme l'exprime si bien un poète béninois :

> Nous irons au rendez-vous
>
> des cinq continents
>
> avec nos chants et danses,
>
> avec nos cœurs brûlants d'amitié,
>
> de bonté, de paix,
>
> avec l'authenticité de notre culture[68].

---

[68] Eustache Prudencio, « Lecture et expression, 3ᵉ », dans *Groupe Éducation et Francophonie*, sous dir. Claude Gauthier, Paris, Hatier, 1984, p. 3.

Bourdanné aurait pu écrire volontiers et mieux quelques lignes en mémoire de Nangor, son ami de tous les jours, mais il n'y arrivait pratiquement pas parce que durement éprouvé par la maladie. Son épouse aurait pu prendre le relais s'il lui était possible de se concentrer pour s'y consacrer pleinement. À défaut, je rapporte tout de même les échanges que j'ai eus avec Bourdanné et Aku par courrier électronique dans ce sens.

L'interaction par courrier électronique

Échange entre Barka et Bourdanné

Barka, le premier, prend la parole.

– « Nous voulons consacrer une biographie en mémoire du Dr Nangor. L'objectif est d'avoir le livre pour le 6 décembre 2023, date anniversaire de son décès. Le projet est accepté et sera traité en urgence par LivresHippo, pour la série *L'homme et l'œuvre*. Le livre, le 3ᵉ de la série, paraîtra sous le titre : *Nangor, l'homme et l'œuvre*. Tu fais partie des bien-aimés retenus comme contributeurs. La date butoir pour nous envoyer ta contribution, conformément au mémo et aux termes de références ci-joints, est le 11 mai 2023. LivresHippo attend de recevoir le manuscrit au plus tard le 31 mai 2023, pour tenir le délai du 6 décembre 2023[69]. Sachant que tu sais d'ores et déjà ce que tu es appelé à faire, je te prie de te mettre à la tâche et te souhaite une excellente inspiration !

– Merci pour l'initiative et merci de m'associer à ce projet. Je prie que Dieu me permette de proposer un brouillon de texte à te soumettre dans le délai surtout à cause de ma situation sanitaire. Pour le moment, je pense que je pourrai me mettre au travail. En y pensant, est-ce qu'il serait acceptable que ta maman et moi puissions contribuer ensemble ? Comme tu le sais, elle a eu une proximité professionnelle avec Nangor. Hier, en priant et en pensant à ce projet, nous avions pensé que nous pourrions écrire ensemble si cela t'est acceptable et convenable. Tu me diras si nous pouvons le faire ainsi [...].

---

[69] Le délai n'a pas été tenu parce que certains contributeurs n'ont pas écrit à temps, d'autres n'ont pas non plus envoyé leurs textes à temps. Le projet s'est tout de même réalisé un peu plus d'une année après, en 2025.

– Je prie que le Seigneur t'aide à tenir le coup. Il a déjà fait le maximum. C'est pourquoi tu te tiens sur les pieds, malgré et contre tout. Le reste ne lui échappera certainement pas. Il a le pouvoir et les moyens pour y arriver. Tu as raison. Maman peut bel et bien prendre une part active à tes côtés, pour me proposer le premier *draft* dans le délai. J'ai besoin de votre soutien dans la prière pour la suite [...].

– [...]. Les GBUAF, ce n'est pas au fond ce que nous avons servi et que tu continues encore à servir. Nous avons et continuons de servir Dieu qui nous a placés aux GBUAF. Nos sacrifices (et tu sais dans ta tête, dans ton corps et dans ta chair ce que cela signifie), nous les avons offerts au Seigneur. Nous n'étions pas parfaits et nos sacrifices n'étaient peut-être pas parfaits. Mais nous les avons offerts, dans la pensée de la grâce de Dieu en Christ. Nous n'avons pas servi en étant le messie. Dieu sait mieux que nous nos motivations. Ce Dieu qui appelle (comme il l'avait fait pour Moïse) des personnes indignes, sait exactement ce qui se passe. Il aurait pu nous épargner de ces souffrances que nous ne comprenons pas. Il aurait pu nous épargner des flèches et des balles du diable. Et notre pèlerinage n'est pas encore terminé. Qu'est-ce qui viendra demain ? Peut-être le meilleur ou la pire des souffrances [...].

[...] Je suis arrivé, avec ma situation, du moins pour le moment, à la pensée que je dois dépasser la question : Pourquoi moi ? En essayant de répondre : Mais pourquoi pas moi ? J'aurai souhaité que ça ne soit pas moi en vivant ces souffrances liées à mes maladies, aux effets secondaires des traitements, à toutes les autres conséquences émotionnelles, matérielles, à être réduit à vivre pendant plus de deux ans, souvent seul dans un salon, en perdant ma mémoire courte, etc. C'est une autre façon de vivre, d'apprendre à aimer Dieu, à pardonner, à vivre imparfaitement *l'éternité déjà-là pas encore*. C'est peut-être une autre face de nos ministères, ayant bénéficié du bonus de la vie depuis l'enfance. Ce n'est pas facile, je le sais et tu le sais [...].

[...] Ayant déménagé, je ne sais pas en ce moment où se trouve tel livre, tel document. À cause de ma situation, des personnes nous ont aidés à emballer nos affaires, puis à les déplacer dans notre nouvelle maison. Nous vivons encore au milieu des cartons. L'énergie manque pour soulever les cartons et fouiller. J'ai au moins pu me « débrouiller » pour installer une table de travail et l'ordinateur. Aujourd'hui, me sentant un peu mieux, j'essayerai de travailler un peu au rangement. Maman prendra des vacances du 5 au 14 juin

2023. Nous essayerons d'avancer un peu dans le rangement, malgré son besoin de repos.

Désolé de n'avoir pas non plus pu, jusqu'à ce jour, écrire ma contribution pour le projet *Nangor, l'homme et l'œuvre*. Toutes mes excuses. Si je le peux d'ici là, je te le ferai savoir. Ça fait exactement une semaine que j'ai commencé un nouveau traitement. Dieu merci, mon corps le tolère pour le moment. Nous nous attendons à Dieu pour la suite. »

Échange entre Barka et Aku[70]

C'est l'épouse de Barka qui entame la conversation électronique le 29 juillet 2024.

– « Il y a quatre jours je crois, deux litres de liquide ont été [retirés] du poumon de Daniel. Halymah dit que cela l'a beaucoup soulagé. Il se sent mieux.

– Merci à Dieu pour Daniel un peu soulagé. Cette phase où il est entré n'est pas un bon signe. Ma prière est que Dieu ne le laisse pas aux caprices de la maladie.

– Je t'écris pour te dire que Daniel est de plus en plus affaibli, donc il est de nouveau interné à l'hôpital. On lui avait [encore retiré du] liquide, mais cette fois-ci il a eu assez mal. Cela n'a pas changé le problème [manque d'appétit] de manger qu'il avait. C'est ce matin qu'Halymah m'a dit qu'il est à l'hôpital.

– Je viens de prier pour Daniel. C'est peut-être mieux que le Seigneur le fasse entrer dans son repos éternel que de laisser la maladie le malmener de la sorte. Il a besoin d'être délivré de ce corps de mort (Rm 7.24-25).

– Ok, c'est bon. Moi-même j'ai dit au Seigneur de ne pas permettre qu'il souffre trop.

Nous sommes le 4 septembre 2024. Daniel est maintenant dans un genre d'hôpital où on met des [patients] qui sont incapables de s'occuper d'eux-mêmes ; c'est-à-dire, la médecine ne peut plus rien, donc [on te donne] des calmants quand [c'est] nécessaire, en tout cas, les soins nécessaires pour essayer de te soulager.

– La vie de Daniel est entre les mains de son Dieu ; qu'il en fasse ce

---

[70] Aku est l'épouse de Barka.

qu'il veut, pour son bien ! »

Cette interaction sur le net laisse présager que Bourdanné se préparait à emboîter les pas de Nangor, d'un moment à l'autre. Nangor était pour lui et pour son épouse Halymah, un ami de tous les jours. Un ami dans les GBUAF[71], aux côtés de leur « ami fidèle et tendre », Jésus-Christ, pour affermir dans la foi des élèves et étudiants, afin qu'ils témoignent de leur foi à d'autres ; un ami dans ce mouvement panafricain, pour renforcer les capacités des cadres et intellectuels, afin qu'ils impactent leur milieu socioprofessionnel ; un ami, du côté de Halymah, médecin comme Nangor lui-même, laquelle avait exercé à la demande de ce dernier dans sa clinique Sarepta à Dabou, en Côte d'Ivoire.

Et comme on pouvait s'y attendre, Bourdanné s'est éteint là, au centre de soins palliatifs, dans la matinée du 6 septembre 2024. Ainsi a-t-il été élevé par son Seigneur à la gloire céleste ! Alors se confirme cette maxime selon laquelle la comparaison n'est pas raison.

La comparaison n'est pas raison

Certaines maladies durent des mois, d'autres durent des années. Nangor était tombé malade dans son pays d'origine, la Côte d'Ivoire ; une intervention chirurgicale était même passée par là. Bourdanné l'était dans son dernier pays d'adoption, la Grande-Bretagne ; une intervention chirurgicale était également passée par là. Certaines maladies mènent à la mort, et d'autres non.

Dans un journal chrétien, *Voix dans le désert*, figure un poème anonyme[72], révélateur, de huit strophes. En voici les deux premières :

Nous n'aimons pas mourir ; non... c'est un sacrifice,

Abandonner parfois un projet d'avenir,

Accepter sans dépit peut-être une injustice,

En silence pleurer... tout cela, c'est mourir.

Mourir à son confort et même à son bien-être,

Ainsi qu'à tout son orgueil, mondain ou religieux,

---

[71] Bourdanné en était le secrétaire régional de 1995 à 2007 et Nangor le président du comité exécutif de 1992 à 2002.

[72] « Mourir », dans *Voix dans le désert*, n° 5 (230), novembre-décembre 1986, p. 3.

Et dans l'humilité marcher bien près du Maître,

Se laissant diriger par lui d'un cœur joyeux.

Jean-Baptiste était mort en martyr. Le roi Hérode Antipas le fit décapiter en prison, peut-être sans le vouloir, à la demande de la fille d'Hérodiade. Le roi en avait lui-même aplani le chemin devant elle à l'anniversaire de sa naissance. Il fit à cette jeune fille le serment de lui donner tout ce qu'elle demanderait. Il festoyait avec ses dignitaires, chefs militaires et principaux de la Galilée à ce moment-là. Ce qui importe aux yeux de Dieu, ce n'est pas quand nous mourons ni de quelle mort nous mourons, mais est-ce que nous mourons dans le Seigneur. Car il est écrit : « Elle a du prix aux yeux de l'Éternel, la mort de ses fidèles » (Ps 116.15, Colombe) Et plus loin : « Heureux les morts qui meurent dans le Seigneur, dès à présent ! » (Ap 14.13a, Colombe).

Conclusion

L'être humain est tout autant faible que vulnérable au point où la réalité de la mort peut facilement le désarmer, l'ébranler. Le sage de la Bible l'atteste : « L'homme n'est pas maître de son souffle pour le retenir et il n'a aucune autorité sur le jour de la mort ; il n'y a point de rémission dans ce combat, et la méchanceté ne donne à ceux qui l'exercent aucune échappatoire » (Ec 8.8, Colombe). Et pourtant Josué annonça presque sereinement sa mort prochaine : « Je m'en vais aujourd'hui selon le sort commun à tous » (Jos 23.14a, NBS) Le roi David, alors qu'il « approchait de sa fin [...] donna ses ordres à son fils Salomon, en disant : Moi je m'en vais où va tout ce qui est terrestre. Sois fort et sois un homme ! » (1 R 2.1-2, Colombe). L'apôtre Paul en parle plutôt avec bonheur et avec espérance : « [...] Mais maintenant comme toujours, Christ sera exalté dans mon corps, avec une pleine assurance, soit par ma vie, soit par ma mort ; car pour moi, Christ est ma vie et la mort m'est un gain » (Ph 1.20b-21, Colombe). Et il célèbre, par la puissance de la résurrection, la victoire de la vie sur la mort :

Mais maintenant, Christ est ressuscité d'entre les morts, il est les prémices de ceux qui sont décédés. Car, puisque la mort est venue par un homme, c'est aussi par un homme qu'est venue la résurrection des morts [...] : Christ comme prémices, puis ceux qui appartiennent au Christ, lors de son avènement. Ensuite viendra la fin, quand il remettra le royaume à celui qui est Dieu et Père, après avoir aboli toute principauté, tout pouvoir et toute

puissance [...]. Le dernier ennemi qui sera détruit, c'est la mort.
(1 Co 15.20-21, 23b-24, 26, Colombe)

Enfin, un peu plus loin, comme pour trancher une bonne fois, l'apôtre Paul va enfoncer le clou en des termes on ne peut plus rassurants :

Lorsque ce (corps) corruptible aura revêtu l'incorruptibilité, et que ce (corps) mortel aura revêtu l'immortalité, alors s'accomplira la parole qui est écrite : *La mort a été engloutie dans la victoire. O mort, où est ta victoire ? O mort, où est ton aiguillon ?* L'aiguillon de la mort, c'est le péché ; et la puissance du péché, c'est la loi. Mais grâces soient rendues à Dieu, qui nous donne la victoire par notre Seigneur Jésus-Christ ! (1 Co 15.54-57, Colombe)

Barka Kamnadj
Consultant en étude biblique
Coordonnateur du Ministère de Littérature Chrétienne
Secrétaire itinérant des GBUAF (1993-2013)
Tchad

UN ENGAGEMENT SACRIFICIEL

Le 6 mars 2024, l'UJC du Tchad avait eu 67 ans. À cette occasion, le secrétaire général[73] (SG) de l'Union des Groupes Bibliques du Burkina (UGBB), dans un post publié sur la plateforme de l'UGBB, a présenté ses vœux au mouvement frère du Tchad. Dans son post, il a rappelé l'engagement constant des « anciens » de l'UJC dans le développement de l'UGBB. Il a terminé son texte en invitant Njegollmi Mbairodbbee[74], membre de la plateforme de l'UGBB, à être le porte-parole de l'UGBB auprès d'autres anciens de l'UJC ayant milité dans l'UGBB. C'est ainsi que le 7 mars 2024, Njegollmi Mbairodbbee a transféré le texte du SG/UGBB « à qui de droit[75] ». Le 8 mars 2024, le frère Bourdanné Daniel Kadébé[76], saisissant l'occasion, partagea avec « grand frère[77] » ses « premières pensées » par rapport aux priorités actuelles de l'UJC. Deux mois après, le 9 mai 2024, « grand frère » envoya son *feedback* au « jeune frère ». Celui-ci apprécia les commentaires dans une communication du 13 mai 2024, en précisant qu'il se donnait « un temps de discernement » pour savoir s'il élaborerait quelque chose pour partager avec la direction de l'UJC. Moins de quatre mois plus tard, le 6 septembre 2024, dans sa souveraineté, Dieu décide de promouvoir BDK à la gloire éternelle.

Quand j'avais reçu les termes de référence du livre-biographie de BDK, *Bourdanné, l'homme et l'œuvre*, personnellement, je ne pensais pas faire partie des contributeurs. Avec le temps, cette communication m'était revenue, avec persistance à l'esprit, et je me suis résolu à la présenter sous forme d'échanges épistolaires[78] comme contribution au livre-biographie de mon défunt « jeune frère ».

Ce qui a surgi dans mon esprit quand je pense à cette communication rejoint une parole que le frère Oumounabidji Amos avait dite le 12

---

[73] Il s'agit de Dieudonné Tindano.

[74] MBN dans la suite du texte.

[75] Celles et ceux des anciens dont il a les contacts, bien sûr !

[76] BDK dans la suite du texte.

[77] C'est souvent comme cela que BDK s'adressait à MBN, celui-ci s'adressant toujours à BDK par la formule « jeune frère ».

[78] C'est bien sous cette forme que les échanges avaient effectivement eu lieu par le moyen du réseau social *WhatsApp*.

octobre 2024, lors du culte d'actions de grâce organisé conjointement par l'UJC et l'EEMET à N'Djamena (Tchad). Ce jour-là, le frère Oumounabidji avait dit à peu près ceci : « Malgré la souffrance que lui imposait la maladie, chaque fois que je revenais du Tchad, le frère Daniel me posait systématiquement la question suivante : ''Comment va l'Église ?'' » Il est indéniable que l'UJC au sein de laquelle le frère BDK a appris à servir Dieu parmi les étudiants, fait partie de l'Église au Tchad. Donc, sans prononcer le sigle UJC, la question concerne également le mouvement. Malgré la souffrance physique que lui imposait la maladie depuis quatre ans, son amour pour Dieu et pour son peuple n'avait pas faibli un seul instant. Voilà pourquoi, il avait encore la force de servir « jusqu'au bout » le Dieu qu'il avait aimé, de même que le peuple de Dieu. En y réfléchissant, je ne pouvais pas m'empêcher de penser que j'avais affaire à un chrétien dont l'engagement pour Dieu et pour son service était au-dessus de tout soupçon. Je n'ai pas hésité à parler de son engagement pour Dieu comme un « engagement sacrificiel » au sens vrai du terme.

Je me contenterai de présenter les différents échanges, en commençant avec le post du secrétaire général de l'UGBB, qui était le facteur déclenchant de la réflexion qui a donné lieu aux échanges entre nous deux.

Post du SG de l'UGBB à l'occasion des 67 ans de l'UJC

Nous rendons grâce à Dieu pour l'Union des Jeunes Chrétiens du Tchad, mouvement frère de l'UGBB. Merci à toutes les personnes originaires du Tchad qui ont investi et qui continuent de le faire ici à l'UGBB, comme les doyens Pasteur Barka Kamnadj, Dr Klaingar Ngarial, Dr Daniel Bourdanné, Njegollmi Mbairodbbee, Caleb Ngarassibaye, qui s'est marié à une Burkinabè, Marcel Dingamnoudjal du Bon Berger et aussi les jeunes comme Daniel[79] ancien président du GBU de Ouahigouya, qui s'est aussi marié à une Burkinabè... merci de compléter la liste. Merci pour votre amour, votre sacrifice et engagement pour votre pays, le Burkina et pour votre mouvement, l'UGBB. Le papy Mbairodbbee @Njegollmi Mbairodbbee, présent sur cette plate-forme, pourra être notre porte-parole à toute la communauté. Joyeux anniversaire UJC !

---

[79] Le nom complet du frère est : Ndiladoum Togueyanouba Daniel.

Swindon, 8 mars 2024 : Bourdanné à Mbairodbbee

Grand frère, merci pour ce message de reconnaissance de l'UGBB. Je l'avais reçu et j'avais commencé à y réfléchir. Ton message me donne l'occasion de partager mes pensées initiales avec toi. Il me semble que l'UJC devrait prendre le temps et l'opportunité pour méditer sur une partie importante de sa vocation missionnaire, qui est assez claire dans son histoire passée et récente : travail pionnier en RCA, au Cameroun, au Sénégal, en Côte d'Ivoire, au Burkina, en Guinée, ses histoires togolaises, françaises, etc.[80].

C'est peut-être l'opportunité pour l'UJC de tirer quelques conséquences de sa vocation missionnaire pour articuler ses priorités stratégiques alignées sur ce qui serait l'une de ses vocations. L'UJC, un contexte tchadien en situation d'instabilité permanente, un contexte de pauvreté, un mouvement très modeste que Dieu a pourtant utilisé pour contribuer au ministère étudiant d'une façon surprenante et malgré ses grandes limites.

Comment l'UJC pourrait et devrait penser sa (ses) vocation(s) en étant centrée sur les perspectives de Dieu ? Je m'interroge. Qu'est-ce que tu ressens et sembles discerner, surtout à cette étape de la vie de l'UJC où la tentation/tendance est de nous polariser sur certains aspects, certes importants, comme la construction de bâtiments et autres, mais qui peuvent cacher les priorités de Dieu ? J'aimerais avoir ta lecture, ta sagesse et ton discernement.

Ton jeune frère

Bennington, 9 mai 2024 : Mbairodbbee à Bourdanné

Bonjour jeune frère. Avant tout, je demande ton indulgence pour le silence que je t'ai imposé, sans le vouloir, à la suite de ton message-réflexion à l'occasion des 67 ans de l'UJC. Il m'a tout l'air que le travail missionnaire de l'UJC hors des frontières du Tchad n'a pas été porté par une stratégie consciemment élaborée et mise en œuvre par la direction nationale du mouvement. De mon point de vue, le travail missionnaire a plutôt été l'œuvre de jeunes chrétien(ne)s, imbu(e)s de leur expérience dans l'UJC, qui voulaient continuer à perpétuer ce cadre

---

[80] On peut encore mentionner la République du Congo et la République Démocratique du Congo, la liste des pays n'étant pas exhaustive.

d'édification et de témoignage chrétiens dans leurs établissements/pays d'accueil. Ces jeunes chrétien(ne)s tchadien(ne)s ayant milité au sein de l'UJC dans leur pays d'origine voulaient aussi mettre au profit de leurs frères/sœurs étudiant(e)s des pays d'accueil leur expérience dans l'UJC. Par-dessus tout cela, je pense que les jeunes chrétien(ne)s ayant milité dans l'UJC au Tchad avaient compris que le service du Maître n'avait pas de frontières : hors de leur pays d'origine, ils pouvaient continuer à servir Dieu. D'où leur engagement hors des frontières du Tchad, que nous connaissons.

Ce faisant, mon point de vue est que l'UJC a juste bénéficié (plutôt passivement) de l'impact de ce travail fait par ses « anciens » membres à l'étranger. Par exemple, je n'ai pas souvenance que la direction nationale du mouvement ait pris une quelconque initiative pour encourager le travail fait par ses anciens membres hors des frontières du Tchad et qui semble être apprécié par tous en dehors du Tchad. J'ai observé que les quelques rares contacts initiés à l'endroit de la diaspora ont concerné et concernent souvent des objectifs très matériels comme « un moyen de déplacement pour le secrétaire général » vers la fin des années 1990 ou la reconstruction du local, objet de la mobilisation actuelle des Ami(e)s de l'UJC de la diaspora. Du reste, ma petite expérience dans les rencontres mensuelles de la diaspora autour de ce projet de reconstruction du siège m'a montré que cette tentative de mobilisation de la diaspora n'est pas nécessairement encouragée, comme il se doit, par le CA/UJC[81].

Bref, si le cœur t'en dit, je t'encouragerai à partager ces réflexions avec la direction actuelle du mouvement. À tout le moins, tu peux, à partir de l'expérience passée, leur demander quelle est leur stratégie par rapport à la mission hors des frontières du pays. Ou encore ont-ils un document de stratégie globale du mouvement pour les cinq-dix années à venir ? Un tel document, s'il existe, te permettra de savoir si la mission hors des frontières du pays fait partie ou non de leurs priorités. Peut-être ai-je beaucoup parlé pour dire peu, mais voilà ce que m'inspire ton message.

Que la grâce du Seigneur continue de t'entourer dans cette période particulière que tu vis avec toute la famille ces années-ci. Salutations à ma jeune sœur et aux enfants.

---

[81] CA/UJC : Conseil d'Administration de l'UJC. Il s'agit de l'ancien CA, le nouveau CA n'ayant pas encore eu le temps de faire ses preuves.

Swindon, 13 mai 2024 : Bourdanné à Mbairodbbee

Bonjour grand frère. Je prie que votre journée soit calme malgré la situation humainement incertaine de notre pays. Merci pour ton retour très utile. Je vais encore prendre le temps du discernement pour voir si je devrais élaborer et partager ces pensées avec les responsables de l'UJC.

De nombreux compatriotes, « au Tchad sous les étoiles », ont encore été blessés ou ont perdu la vie par balles, en plus de nombreuses morts occasionnées par l'extrême chaleur. Mais nous savons et croyons profondément que Dieu n'est ni lointain ni silencieux. Comment allez-vous, maman et toi ? Ces jours-ci, je passe par une phase de grande fatigue qui me handicape un peu. Halymah a fait un saut à LA[82] en Californie pour la cérémonie de « graduation » de la fille de sa sœur. Elle quittera ce soir pour arriver à Londres demain.

L'avenir du futur

Ce qui est clair, quand on observe l'histoire, c'est que, dans la plupart des cas – pour ne pas dire dans tous les cas – les jeunes chrétien(ne)s tchadien(ne)s qui se sont illustré(e)s par un engagement conséquent dans les mouvements chrétiens étudiants, et/ou dans les Églises, hors des frontières du Tchad ont souvent été des membres engagés de l'UJC au Tchad, avant de quitter ce pays pour d'autres horizons, très généralement pour des raisons d'études. Que dira la direction actuelle de l'UJC par rapport à ces préoccupations que notre frère n'a pas pu conduire à leur terme avant de rejoindre notre céleste Père ?

Dans son « discours d'adieu aux anciens de l'Église d'Éphèse[83] » à Millet d'où il les avait spécialement envoyés chercher pour cette rencontre d'adieu, Paul avait prononcé une phrase qui peut difficilement passer inaperçue pour nous chrétien(ne)s du XXIe siècle. En leur annonçant que « de ville en ville », le Saint-Esprit l'avertissait que « des liens et des tribulations » l'attendaient, l'apôtre ajouta : « Mais je ne fais pour moi-même aucun cas de ma vie, comme si elle m'était précieuse, pourvu que j'accomplisse ma course avec joie, et le ministère

---

⁸² LA : Los Angeles aux États-Unis.

⁸³ Actes 20.17-38, LSG.

que j'ai reçu du Seigneur Jésus, d'annoncer la bonne nouvelle de la grâce de Dieu » (Ac 20.24, LSG ; lire les versets 23 et 24). Je fais juste le lien entre le dévouement de Paul au ministère auquel le Seigneur l'avait appelé et ce que le Seigneur lui-même a dit à celles et ceux qui veulent le suivre : « Si quelqu'un veut venir après moi, qu'il renonce à lui-même, qu'il se charge chaque jour de sa croix, et qu'il me suive » (Lc 9.23, LSG ; lire les versets 23 et 24).

Conclusion

Il est vrai que c'est uniquement à travers le double engagement de mon défunt « jeune frère » dans les mouvements chrétiens étudiants et pour l'unité du corps du Christ au Tchad que j'ai fait sa connaissance et je l'ai côtoyé. Cependant, en observant sa vie terrestre et pendant que je reproduisais nos échanges susmentionnés, je n'ai pas pu m'empêcher de penser aux passages bibliques cités ci-dessus. Je pense personnellement que, pour un homme qui souffrait depuis quatre ans de maladie qui l'avait beaucoup handicapé, si ce n'est pas grâce à l'esprit qui anima Paul quand il prononçait les paroles rapportées par Luc dans Actes 20.24, on ne peut pas comprendre que Bourdanné ait trouvé, en mars 2024, l'énergie nécessaire pour entamer ces réflexions relatives à la vie et aux priorités de l'UJC, comme il l'avait fait.

Puisse son engagement, que je n'ai pas hésité à qualifier de « sacrificiel », nous inspirer, nous qui sommes encore dans le champ de Dieu « sur la terre des vivants » !

Mbairodbbee Njegollmi
Consultant au CITAF
Gestionnaire des entreprises,
des organisations et des projets à la retraite
Conseiller à Tearfund/Afrique de l'Ouest et Sahel

DES RENCONTRES QUI FONT MOUCHE

l y a des rencontres qui ne sont pas comme les autres ni des rencontres de plus, mais des rencontres qui font mouche. La Bible dit :

> Aujourd'hui, après m'avoir quitté, tu trouveras deux hommes près du tombeau de Rachel, à la frontière de Benjamin, à Tseltsah. Ils te diront : Les ânesses que tu es allé chercher sont retrouvées ; et maintenant ton père a laissé de côté l'affaire des ânesses, mais il est en peine de vous et dit : Que dois-je faire au sujet de mon fils ? [...] Dès que Saül eut tourné le dos pour se séparer de Samuel, Dieu lui donna un autre cœur, et tous [ces] signes [annoncés] se produisent le même jour. (1 S 10.2, 9, Colombe)

Comme d'autres ont déjà exprimé à travers cet ouvrage combien il y a des rencontres qui font mouche, Rachelle Dasylva, épouse Ndione, et Minga Ndjerareou, en donnent également volontiers une idée dans les lignes qui suivent, d'une rencontre à l'autre.

L'expérience de Rachelle

D'une rencontre à l'autre

J'ai fait la connaissance de Daniel à l'université de Dakar en 1996, lors de ses tournées en sa qualité de secrétaire régional des GBUAF. Après sa concertation avec les Amis du mouvement sénégalais, ces derniers auraient voulu lui remettre une enveloppe mais il leur demanda de l'utiliser pour payer les frais de voyage et de participation de la délégation du Sénégal au 10ᵉ triennal d'août 1996 à Ouagadougou (Burkina Faso). Il me disait : « À tout à l'heure jeune sœur, j'espère te retrouver au triennal. » J'étais toute excitée à l'idée de sortir pour la première fois de mon pays vers un autre de la sous-région. Mais j'étais loin d'imaginer que Daniel Bourdanné voyait en moi un potentiel leader au sein du mouvement sénégalais et qu'il avait entamé ainsi ma formation.

Nous nous étions retrouvés en octobre 2005 à Hong Kong, à la formation des leaders émergents. Lors de notre entretien, il m'avoua que c'était lors de sa venue au Sénégal en 1996 qu'il m'avait repérée. Depuis, il me suivait de loin par rapport au ministère estudiantin, et priait régulièrement pour moi dans ce sens avec son staff d'alors. Bien des années plus tard, en 2004, son rêve se réalisa. Il m'avait conseillé de faire de même, parce qu'un responsable doit avoir du flair, le discernement dans le choix de ses collaborateurs tout en priant. Il ajouta qu'il arrive que l'on se trompe sur le choix porté sur une personne mais cela ne doit pas nous décourager dans la démarche.

Je retiens de lui le souvenir d'un homme taquin et ouvert, qui savait entretenir les relations interpersonnelles. Il était également très rigoureux dans le travail et de surcroît très ponctuel. En me remémorant les moments de partage en tête à tête ou en groupe avec lui, beaucoup de souvenirs me reviennent.

Des anecdotes amusantes et édifiantes

À Hong Kong, les organisateurs avaient préparé une surprise pour lui à l'occasion de son anniversaire. Nous étions tous excités de chanter pour le concerné ou la concernée du jour, car ce n'est pas toujours que l'IFES dans son ensemble fête l'anniversaire de quelqu'un comme cela. Il sursauta à l'écho de son nom avec des éclats de rires.

Dans l'après-midi, lorsque nous, de la délégation francophone, nous étions retrouvés seuls avec lui, il nous fit entendre : « Savez-vous que c'est la première fois que mon anniversaire est fêté ? Au village nos parents ne connaissaient pas ça. » Nous avions répondu : « Il est fêté de la plus belle manière. » C'était très amusant, nous avions beaucoup ri ensemble ce jour-là.

En 2006, nous étions des apprenants au Centre africain du christianisme contemporain (CACC) et nous entamions notre formation. Un dimanche, Daniel était invité à un programme à l'Union des églises évangéliques du sud-ouest[84] (UEESO) de Cocody où il devait intervenir. Il nous avait dit de nous préparer car il allait venir chercher quelques-uns pour l'accompagner. Il était arrivé à l'heure prévue. Avant qu'il démarre, je me suis rappelé le foulard que je n'avais pas pris avec moi ; alors j'ai couru le chercher. Il était fâché parce qu'il ne voulait pas arriver en retard. Je ne le savais pas. Pour dissiper sa colère, il avait dit une blague et nous nous étions mis à rire. Dans la soirée, un

---

[84] Devenue Union des églises évangéliques services et œuvres (UEESO).

frère m'avait dit que Daniel n'était pas content de mon attitude, car il a horreur du retard. Je n'ai pas osé dire au grand frère que j'étais désolée, mais la leçon était bien comprise.

En tant qu'apprenants au CACC, nous avions vécu l'histoire des déchets toxiques qui a fait couler beaucoup d'encre à l'époque. Nous supportions difficilement cette forte odeur de soufre qui se dégageait et nous voulions simplement plier bagages pour la plupart d'entre nous. Daniel était venu au centre nous parler. Il sut parler à nos cœurs, il toucha notre sensibilité ; nous avions renoncé au projet de rentrer à la maison et les cours avaient continué de plus belle jusqu'à la fin de la session. Ça, c'était Daniel ! Il avait des manières propres à lui de préparer les gens au changement de paradigme.

Des manières de préparer l'opinion

J'étais très impressionnée par la manière dont il nous préparait à intégrer les changements en cours[85]. En enseignant le module sur l'administration, il nous avait longuement entretenus sur le changement de paradigme avec des exemples à l'appui : Martin Luther, Galilée, St. Augustin et tant d'autres. Il disait : « La plupart de ceux qui introduisent de nouveaux paradigmes sont incompris et marginalisés parce qu'ils ne rentrent pas dans le système ordinaire existant. Ils sont juste armés de foi et de courage. » Il disait que personne ne voyait que la fronde de David avec le paradigme de Dieu pouvait tuer Goliath. Il nous invitait à appliquer le principe d'esprit d'ouverture aux changements, étant lui-même convaincu que nous étions capables de changer de paradigme afin de trouver des ressources financières pour le ministère. Je crois qu'il avait raison. Nos mouvements existent encore !

En tant qu'enseignant il était très pertinent, en tant qu'orateur il était très équilibré, en tant qu'auteur il avait la plume facile et ses analyses étaient très profondes et inspirées.

---

[85] Par exemple, l'arrêt des subventions de l'IFES aux mouvements qui en bénéficiaient.

Le cas de Minga

La fierté d'une nièce

J'ai rencontré « papa[86] Bourdanné » en personne pour la première fois lors de la conférence Urbana 2012 à St. Louis, Missouri, du 27 au 31 décembre 2012. L'objectif de ladite conférence était de « pousser cette génération à donner toute sa vie pour la mission globale de Dieu ». Nous avions eu l'opportunité de l'entendre parler du cœur de Dieu pour les missions. Bien que je le connaisse comme mon oncle, le frère de mon père dans le ministère et l'un de ceux dont je voyais toujours les noms sur la couverture du livre *De quelle tribu es-tu ?*, c'était la première fois que je le rencontrais en personne. J'en étais fière.

J'ai conduit un groupe d'étudiants à Urbana depuis Cornerstone University au Michigan. En tant qu'orateur principal de toute la conférence, je disais fièrement à mes étudiants : « Je le connais, c'est mon oncle ! » Avec environ 16 000 personnes présentes, je n'étais pas sûre de la manière de procéder pour le trouver et le saluer. Les orateurs principaux dans de telles grandes conférences, viennent et repartent souvent rapidement, escortés des coulisses à la scène, mais j'étais déterminée à le trouver.

Au fur et à mesure du déroulement de la conférence, j'ai assisté à différentes sessions tout en essayant de comprendre comment trouver et saluer « papa Bourdanné ». J'ai assisté à une session pour les étudiants internationaux retournant dans leur pays d'origine après avoir étudié aux États-Unis, animée par Lisa Chin, qui était la directrice nationale du ministère des étudiants internationaux pour InterVarsity/USA à ce moment-là. Immédiatement après que Mme Chin ait terminé la session, je me suis présentée, je l'ai remerciée pour la session et je lui ai demandé si elle pouvait m'aider à rencontrer l'orateur principal. Gracieusement, elle a accepté de m'aider et m'a donné l'heure et le lieu précis pour le rencontrer, disant qu'ils se réunissaient au dernier étage de l'hôtel pour la communion fraternelle. Contre toute attente, l'accueil à bras ouverts nous attendait.

---

[86] Se dit à la tchadienne pour désigner un oncle.

L'accueil à bras ouverts

Avec mon étudiante, Katherine de Hawaii, à mes côtés, nous nous sommes lancées dans notre aventure. À ma grande surprise, l'accès était plus facile que je ne l'avais anticipé. Nous avons trouvé la salle et en me frayant un chemin à travers la foule, je l'ai trouvé. Dès que je me suis présentée, il me donna une grosse accolade, accueillant ainsi Katherine et moi à bras ouverts. Instantanément, il nous traita comme ses filles, prit le temps de converser avec nous et nous présenta fièrement aux autres personnes dans la salle. Il nous encouragea beaucoup en tant qu'étudiantes.

J'ai remercié le Seigneur pour avoir orchestré cette rencontre. Le peu de temps que nous avions passé ensemble donnait l'impression que nous nous connaissions déjà et que nous reprenions une conversation là où nous l'avions laissée. J'avoue que les retombées de la conférence m'ont fait énormément du bien.

Les retombées de la conférence

Quand je suis retournée à Cornerstone University avec mes étudiants, je me suis rendu compte que les enseignements de la conférence avaient eu un énorme impact sur eux et sur moi-même. Mon travail en tant que directrice adjointe du Service Global à Cornerstone University était d'inviter les étudiants à s'inscrire pour des missions à court terme aux États-Unis et à l'étranger. J'organisais une semaine de mission où différents leaders d'organisations missionnaires venaient installer leurs stands sur le campus pour recruter des étudiants à même de partir. Le nom de la semaine de mission était Go Week.

Après avoir écouté « papa Bourdanné » en tant qu'orateur principal, j'ai réalisé qu'il ne parlait pas seulement aux étudiants mais aussi à nous, les leaders. Travaillant pour le département de la formation spirituelle, j'ai senti un rôle important de reprendre ce que nous avions appris et de continuer à transmettre le message important pour les missions locales et globales. Il était l'un des catalyseurs m'encourageant à bien diriger mes étudiants, à telle enseigne que j'ai réussi à envoyer environ 12 groupes de mission dans le monde chaque année pendant mon temps à Cornerstone. Sa passion et son amour pour Dieu et les missions m'ont profondément marquée, même aujourd'hui. Je me souviens encore de ses paroles sur l'importance d'être axé sur la mission localement et globalement. J'ai eu le privilège de le rencontrer pour la seconde fois à la conférence panafricaine des GBUAF à Lomé.

La conférence panafricaine de Lomé

J'ai rencontré « papa Bourdanné » de nouveau à Lomé, au Togo, lors de la conférence panafricaine des GBUAF en 2013. J'étais partie des États-Unis pour m'établir à long terme au Tchad, mais avant de m'y installer, j'ai assisté à cette autre conférence. Cette fois-ci, j'ai eu l'opportunité de dîner avec les orateurs, y compris lui, nous donnant un autre moment de communion fraternelle.

En réfléchissant à mon parcours, j'avais passé treize ans aux États-Unis, j'avais emmené un groupe d'étudiants en 2012 à Urbana, puis je me suis retrouvée chez moi, sur le continent africain, avec lui à cette autre conférence au Togo, environ huit mois après notre rencontre à Urbana. J'étais de retour chez moi, dînant avec mon oncle, l'orateur principal d'Urbana qui encourageait, motivait et priait pour les étudiants internationaux. Il me revient maintenant de procéder à la récapitulation méditative.

La récapitulation méditative

Après le Togo, j'ai eu une autre opportunité de parler avec « papa Bourdanné » au téléphone, m'étant installée au Tchad. J'étais en train de vivre un choc culturel inversé. Je voulais lui rendre visite et il m'avait beaucoup encouragée dans ma transition culturelle. Bien que je n'aie jamais pu faire le voyage, notre conversation téléphonique, alors que je naviguais dans une culture autrefois familière, était incroyablement encourageante et édifiante. Il m'avait assurée que j'étais toujours la bienvenue chez lui.

Je n'ai pas passé de longues heures avec lui, mais les trois fois où nous avons parlé restent précieuses pour moi. Chaque rencontre était intentionnelle : il offrait toujours un mot d'encouragement et montrait un intérêt sincère pour mes efforts. Par-dessus tout, il pointait toujours vers le Christ. Je garde ces souvenirs comme un trésor. L'impact qu'il eut sur moi à chaque fois m'encourageait à continuer dans le ministère par la foi. Sa vie était un témoignage de la direction de Dieu, évidente dans chaque moment passé avec lui.

Je remercie Dieu pour l'opportunité d'écrire ces mots. « Papa Bourdanné » avait laissé une empreinte durable sur de nombreux étudiants à travers le monde, sur et en dehors de la scène. Son intégrité, sa stature et sa foi continuent d'inspirer.

Conclusion

Le psalmiste, assuré qu'il y a des rencontres qui font mouche, des rencontres qui font la différence dans le bon sens dans des cœurs et dans des vies, en exprime les pensées et les sentiments comme suit :

> Ah, qu'il est bon, qu'il est agréable
>
> pour des frères d'être ensemble !
>
> C'est comme l'huile précieuse
>
> versée sur la tête d'un invité,
>
> et qui descend jusqu'à sa barbe.
>
> C'est comme la barbe du grand-prêtre,
>
> qui descend jusqu'au col de son vêtement.
>
> C'est comme la rosée
>
> qui descend du mont Hermon
>
> sur les hauteurs de Sion.
>
> Car c'est là, à Sion, que le Seigneur
>
> donne sa bénédiction, la vie,
>
> pour toujours. (Ps 133.1b-3, BFC)

Rachelle Dasylva, épouse Ndione
Enseignante de formation et de profession
Ancienne secrétaire générale des GBUSS
Sénégal

Minga Ndjerareou
Architecte de formation
Ancienne assistante-directrice des services internationaux
à Cornerstone University au Michigan (États-Unis)
Tchad

AUTOUR DU FEU

En Afrique, au sud du Sahara en général et au Tchad en particulier, nous avons au moins deux cadres culturels et traditionnels de dialogue, de communication et de concertation : sous l'arbre à palabres en matinée, autour du feu en soirée. C'est là que l'on pose des problèmes de la famille ou de la communauté et que l'on fait tout pour y apporter des solutions par consensus. C'est aussi là que l'on transmet à la postérité aussi bien les richesses naturelles et matérielles que le patrimoine culturel et social.

Nous sommes là, Kesias Garba épouse Djikoloum, Job Kagdom Magourna et Barka Kamnadj, le directeur de cet ouvrage, culturellement et traditionnellement assis autour du feu en soirée[87], pour échanger en mémoire de deux amis de longues dates, deux frères qui avaient beaucoup de choses en commun : Samuel Djikoloum Magourna (1956-2024) et Daniel Kadébé Bourdanné (1959-2024).

Échanges avec Kesias

« Kesias, vous êtes la veuve de Sa Majesté Djikoloum depuis le 9 avril 2024, vous avez vécu en direct les relations poussées au plus haut degré entre « Aba » Djikoloum et « Aba » Bourdanné, qui n'est plus lui aussi depuis le 6 septembre 2024. Qu'est-ce que vous en dites ?

– Je rends grâce à Dieu pour l'opportunité qu'il me donne aujourd'hui de témoigner de la vie du Dr Daniel Kadébé Bourdanné que j'appelais affectueusement mon ami. En effet, je l'ai connu en 1983, quelques mois avant notre mariage, par l'intermédiaire de celui qui allait devenir mon époux, en la personne de Sa Majesté Samuel Djikoloum Magourna, ancien secrétaire itinérant de l'UJC du Tchad, décédé quatre mois avant Daniel. Daniel était arrivé en provenance du Togo

---

[87] Ce cadre culturel et traditionnel de rencontre, *ta hor ndal* en mbai du Tchad, s'apparente à ce qu'on appelle le *mbongi* au Congo : « Le terme *mbongi* désigne l'endroit où les familles se regroupent le soir autour du feu. Il peut également faire référence au village ou au conseil du village. » (Laurent Gaston Loubassou, « La veuve et l'orphelin », Écho de l'Afrique, dans *La Bible d'Étude, Perspectives africaines*, Saint Albain, France, PJA, 2022, p. 1062.)

où il s'était rendu pour les études supérieures, afin d'assister à notre mariage au Tchad, notamment dans la ville de Laï. À cause du retard de vol et de correspondance dans les aéroports, il arriva à Laï quelques minutes après la célébration du mariage, puisqu'il devait, en plus du retard, patauger dans l'eau entre N'Djamena et Laï. Ils habitaient tous deux le même quartier, chacun chez son tuteur, non loin de l'actuel lycée-collège évangélique qu'ils fréquentaient. La Parole de Dieu était le gage de leur amitié. Ils partaient souvent pêcher de petits poissons au fleuve derrière la cité de l'OCAM pour préparer et compléter leur maigre repas d'élèves, accompagné au final d'un verre de thé. Deux années plus tard, nous étions tous partis à l'extérieur, Daniel en Côte d'Ivoire, Samuel et moi au Congo. Le projet de mariage de Daniel et Halymah était au centre de nos discussions jusqu'à son aboutissement en 1993. Entre-temps, à l'occasion de la naissance de notre fils Eric en juillet 1987, Daniel débarqua à Brazzaville où il me disait : « Mon amie, quelle triste histoire de boire de l'eau chaude malgré la chaleur comme il est coutume de faire dans notre pays ; prie afin que la période post-natale arrive rapidement à son terme. » Dix ans plus tard, Daniel estima qu'il était temps de venir au Tchad pour présenter sa petite famille aux parents et amis. Nous avions eu la grâce de les accueillir chez nous, car nous étions déjà au pays.

– Quelques anecdotes et faits marquants ne manquent certainement pas durant tout ce parcours du combattant ; quels sont-ils ?

– Pendant la guerre civile de 1979 au Tchad, les Ujécistes s'étaient repliés au sud du pays et Samuel avait accepté de servir le Seigneur comme secrétaire itinérant de l'UJC pendant deux ans. Il partit acheter une moto au Nigeria voisin à cet effet. Sur son chemin de retour au Tchad, il s'arrêta à Pala et la présenta à Daniel. Au nom de leur amitié, il était l'un des premiers Ujécistes de Pala à toucher du doigt la moto, à l'essayer, avant qu'elle n'ait pu être présentée à d'autres à Moundou et ailleurs.

– La Côte d'Ivoire était devenue pour nous comme un quartier de N'Djamena, grâce à l'hospitalité légendaire de Halymah, toujours prête à nous accueillir.

– Quand Daniel et sa famille partirent en Angleterre, Samuel avait fait le déplacement pour s'assurer qu'ils s'y étaient bien installés.

– À son arrivée au Tchad peu de temps avant de tomber malade, Daniel alla à Dormon Bakidja, un village situé à 35 kilomètres de

Laï, rendre visite à son frère et ami : ils s'appelaient intimement Aba, Zoumi[88]. De retour en Angleterre, comme son état de santé ne s'améliorait pas, Samuel et moi-même avions décidé d'aller l'encourager. Malheureusement, le visa d'entrée au Royaume-Uni nous a été refusé à Paris. Deux mois après notre retour au Tchad, Samuel tomba malade pour ne plus se relever. Cela fit un tel choc à Daniel au point où malgré son état de santé précaire, il écrivit un mémorandum de 14 pages qui entre désormais dans les annales de la famille royale des Magourna, rien que pour vanter les mérites de son frère et ami, Zoumi, Aba. Son décès aussitôt après celui de mon époux m'a complètement déconcertée. Avaient-ils un destin commun ?

– Quel peut-être le mot de la fin ?

– Je voudrais vraiment sortir du cadre familial pour rendre hommage à ce grand homme, mon ami, le Dr Daniel Kadébé Bourdanné, pour son humilité, son amour pour Dieu et pour son prochain. Très calme, il disait toujours : « Ça ira. » Très intelligent, il m'avait aidé à mieux maîtriser l'outil informatique. À Dieu soit la gloire car il est souverain ! »

Échanges avec Job

« Job, vous êtes l'un des jeunes frères de Sa Majesté Djikoloum décédé le 9 avril 2024, vous avez suivi de près et de loin les relations poussées au plus haut degré entre « Aba » Djikoloum et « Aba » Bourdanné, qui n'est plus depuis le 6 septembre 2024. Vous avez certainement de quoi faire un récit.

– Il est écrit : « Celui qui est fidèle dans les moindres choses, est aussi fidèle dans les grandes » (Lc 16.10a, LSG). Ma relation avec le grand frère Daniel Kadébé Bourdanné avait débuté en 1979 à N'Djamena. C'était par l'intermédiaire de mon feu grand frère Samuel Djikoloum Magourna. J'étais élève en 4ᵉ au CEG n°1 et lui en Terminale D. Il aimait le Seigneur Jésus-Christ et l'avait fait jusqu'à son dernier jour. Cela se remarquait par sa connaissance approfondie de la Parole de Dieu, grâce à son engagement dans l'étude biblique personnelle et collective, à son obéissance et à l'enseignement de cette Parole. Son progrès était évident devant toutes et tous. Il aimait le travail en le démontrant dans ses études secondaires, supérieures et dans sa

---

[88] En moundang, signifie : « parent ».

profession. Il était un modèle par rapport à sa foi en Jésus-Christ. Il avait forcé mon admiration et mon respect à cause de son engagement de servir le Seigneur au sein de l'UJC du Tchad jusqu'à l'IFES, son succès dans ses études, sa vie universitaire, son engagement dans le mariage, sa vie de chef de famille et de leader international. Sa relation d'ami intime avec mon grand frère malgré leur différence ethnique, Gabri et lui, Moundang, m'avait aussi influencé positivement. C'était un homme affranchi par l'Évangile, une des preuves était son mariage avec une femme non tchadienne. Dans son ethnie, pour avoir de bonnes relations avec la famille, il faut épouser une femme issue de son milieu. Il était allé à contre-courant et avait tenu jusqu'au bout parce qu'il avait décidé de faire avant tout la volonté de Dieu.

– Avez-vous une anecdote ou un fait marquant à relater ?

– Daniel avait le souci de voir l'UJC du Tchad gravir des échelons au sein de la famille des GBUAF. À titre d'exemple, en mai 2005, il était secrétaire régional des GBUAF basé à Abidjan en Côte d'Ivoire. Entre-temps, l'UJC du Tchad n'avait pas de secrétaire général. Une demande était introduite au secrétariat régional des GBUAF à cet effet. En marge de la rencontre des présidents et secrétaires des mouvementes nationaux de GBU à Abidjan où je représentais l'UJC, nous nous étions réunis à trois, à savoir, Daniel, secrétaire régional des GBUAF, Barka, secrétaire itinérant au sein des GBUAF, et moi-même, vice-président du conseil d'administration de l'UJC, pour échanger au sujet de cette demande. Comme Barka était affecté au Tchad dans le cadre des GBUAF, Daniel lui demanda de cumuler les deux postes en attendant que l'UJC recrute son secrétaire général. Ce fut chose faite. L'UJC tient jusqu'aujourd'hui, malgré les difficultés, grâce à cette décision, car nul n'ignore le travail abattu par Barka, surtout la préparation des leaders et le choix porté sur eux au sein de l'UJC à différents niveaux de responsabilité. C'était Daniel qui avait pesé de tout son poids, alors qu'il était secrétaire général de l'IFES, sur la demande de l'UJC adressée au Bureau Général de l'Église Évangélique du Tchad (BGEET) pour avoir le pasteur Dionoudji Baudelaire comme secrétaire général de l'UJC. Le Seigneur a décidé souverainement de rappeler Samuel et Daniel au repos éternel. Or, en juillet 2023, mon grand frère et sa femme voulaient absolument aller en Angleterre lui rendre visite au plus fort de sa maladie ; malheureusement cela n'avait pas été possible faute de visa. Finalement, ils se sont suivis en la même année 2024, dans l'espace de cinq mois.

– Quel peut être le mot de la fin ?

– Lorsque Daniel apprit que nous étions en France avec mon épouse, il formula le projet de venir nous rendre visite mais sa santé ne le lui avait pas permis. Après le décès de mon grand frère, il allait mieux. Il m'appela pour dire qu'il viendrait nous rendre visite pendant l'été 2024. Malheureusement, Dieu a disposé autrement. Ce n'était plus un rendez-vous en Grande-Bretagne ni en France mais plutôt au ciel. Gloire à Dieu qui nous a donné Bourdanné. Que des "Bourdanné" se multiplient pour le Tchad, l'Afrique et le monde. "L'Éternel a donné, et l'Éternel a ôté ; que le nom de l'Éternel soit béni !" (Jb 1.21b, Colombe) ».

Conclusion

Ce que la Bible dit de l'amitié entre David et Jonathan depuis des millénaires est toujours d'actualité. D'une part, il est écrit : « Pendant que David achevait de parler avec Saül, Jonatan, le fils de Saül, se prit d'affection pour le jeune homme et se mit à l'aimer comme lui-même [...]. Quant à Jonatan, il aimait tellement David qu'il conclut un pacte d'amitié avec lui. » (1 S 18.1, 3, BFC) ; D'autre part, il est écrit :

Il demanda encore à David de prononcer un serment au nom de son amour pour lui, car lui-même, Jonatan, l'aimait de tout son cœur [...]. Ensuite Jonatan dit à David : « Va en paix. Et souviens-toi du pacte d'amitié que nous avons conclu au nom du Seigneur, en disant : "Que le Seigneur nous permette d'y rester toujours fidèles, toi et moi, et nos descendants après nous." » (1 S 20.17, 42, BFC)

La Fontaine a écrit des mains de maître des vers illustrant pareille amitié :

Deux vrais amis vivaient au Monomotapa ;

L'un ne possédait rien qui n'appartînt à l'autre.

Les amis de ce pays-là

Valent bien dit-on, ceux du nôtre.[...]

Qu'un ami véritable est une douce chose !

Il cherche vos besoins au fond de votre cœur ;

Il vous épargne la pudeur

De les lui découvrir vous-même.

Un songe, un rien, tout lui fait peur,

Quand il s'agit de ce qu'il aime[89].

Kesias Garba épouse Djikoloum
DEA en santé de reproduction
Tchad

Job Kagdom Magourna
Étudiant à l'université de Rennes
PCA de mission de l'UJC 2006-2008
Tchad/France

---

[89] Jean de La Fontaine, *Fables*, Paris, Garnier-Flammarion, 1966, p. 217-218.

L'ÉTERNEL ITINÉRANT...

Piair et Zwa, les deux anciens chroniqueurs du journal *Le Réformateur chrétien* des années 2000, s'entretiennent du souvenir d'un des fondateurs de ce magazine d'information qui a circulé dans toute l'Afrique francophone à une période donnée... Les habitués ou abonnés à cette revue reconnaîtront sûrement ces personnages loufoques d'habitude, mais très sérieux aujourd'hui... À cette heure solennelle !

« Sans blague..., mais c'est bien toi, Piair... que je vois..., quelle surprise !

– Eh Zwa, mon cher ami ; comment vas-tu, ça fait un bail...

– Oui, ça fait vraiment longtemps... ; depuis que nous avons pris la retraite... Comment je vais, dis-tu ? Non, je ne vais pas du tout bien...

– Tu ne vas pas bien ! Qu'est-ce qui se passe ? Tu es malade ? À moins que ce ne soit un chagrin de cœur...

– Non, c'est plus grave que ça, mon cher ami !

– Qu'est-ce qui se passe ?

– Mais tu n'es pas au courant de la nouvelle de ces derniers mois ?

– Quelle nouvelle ?

– Attends, serais-tu, par hasard, le seul en Afrique francophone, de la grande famille des GBU, qui ne sache pas ce qui est arrivé à l'un des nôtres, le 6 septembre 2024 dernier ?

– Non. Mais de quoi parles-tu ?

– Nous sommes en deuil, Piair ; nous sommes en deuil, mon cher ami !

– En deuil ? Mais de quoi parles-tu ?

– Nous avons perdu l'un des pères fondateurs de notre journal, *Le Réformateur chrétien*.

– Lequel ? Et il ouvre de grands yeux...

– Comment te le présenter ? Zwa réfléchit un instant, cherchant ses mots...

L'éternel itinérant :
Né au Tchad,
Inhumé au Royaume-Uni.
Cet indice te dit quelque chose ?

– Non !

– Bien. Second indice :

Tôt il partit de son pays natal,
À cause de la guerre civile.
Sans père ni mère,
Il s'installa au Togo.
De là, il s'exila en Côte d'Ivoire,
Pour se fixer à Abidjan.
Avant son arrivée au pays d'Houphouët-Boigny.
Aux berges de la lagune Ebrié,
Il se métamorphosa :
Étudiant en biologie,
Docteur dans sa discipline,
Enseignant dans sa science.
C'est principalement, en ces temps-là que,
Daniel Kadébé Bourdanné,
Est devenu,
Mon ami,
Mon collègue,
Mais bien plus encore...
Daniel, le secrétaire itinérant des GBUAF,
KDB, le secrétaire à la littérature,
KDB, le secrétaire régional des GBUAF,
KDB, le directeur des PBA,
KDB, le directeur du CACC...
... Bourdanné...
... fut plus qu'un ami, plus qu'un collègue dans le ministère.
Daniel Kadébé Bourdanné fut un frère de sang,

Sang de vin et de pain.
Un frère ivoirien véritable,
Comme moi-même,
Je fus,
Un véritable frère tchadien,
Hier...
Aujourd'hui...
Et demain...
En celui qui est le Véritable, notre nouvelle et éternelle alliance...

– Tu as vraiment l'air très peiné par cette séparation, Zwa,

Alors qu'il a seulement changé d'espace...
Oui, Daniel, dont tu parles, vit encore et toujours...
Mais auprès de son Père céleste, notre Père à tous !

– Oui, je le sais : la Bible me le dit :

Daniel, l'éternel itinérant,
À présent, est allé où, je sais,
Se trouve sa fille Ruth...
Ruth Emmanuella,
Dieu avec les deux...
Mais Dieu avec nous aussi,
Unis pour toujours,
Par le mystérieux sang de vin,
Et de pain de vie...
...Vie éternelle qui donne accès,
À la Jérusalem nouvelle,
Pavée d'or...
Où tous les deux bienheureux,
M'ont oublié...
Ici, dans les dunes chaudes et onduleuses de Carthage,
Ruines carthaginoises où je pleure...
Comme la mère de Saint-Augustin pleura,
Son fils parti pour Rome...

Je pleure,
Une double peine,
Je pleure,
Un double deuil,
Les pieds dans le sable fin et incandescent du désert,
Mais la tête sur la poitrine de mon doux Berger...

– Tu es vraiment triste à ce point ?

– Non, pas vraiment...

Parce que je sais qu'ils nous attendent là-haut...
Pour les noces de l'Agneau...

– Qui sont ces « ils » qui nous attendent ?

– Ruth et son papa Daniel, l'éternel itinérant...

– Tu veux donc dire que « l'éternel itinérant » est enfin arrivé au bout de son itinérance ?

– Oui, d'une certaine manière,

Je crois...
Je crois qu'il est arrivé enfin...
Chez lui,
À la Maison de son Père...
Notre Père...
Chez lui
Et chez nous...
Il a enfin déposé ses armes...
Il a achevé la course...
Il a combattu le bon combat de la foi.
La couronne de vie l'attend...
Comme Paul,
Comme Daïdanso,
Comme Zokoué,
Comme Nangor,
...

– Merci de nous rappeler ces illustres hommes de la foi,

Qui nous ont devancés dans la gloire céleste…

Permets-moi, s'il te plaît, maintenant, cher ami, de clore cet hommage à notre ami, père et co-fondateur du journal *Le Réformateur chrétien* que je n'ai pas eu le privilège de bien connaître comme toi.

Mais parce que j'ai aussi travaillé avec lui ;

À ce titre, je voudrais, moi-aussi, adresser

En sa mémoire,

À sa famille,

À ses parents,

À ses connaissances,

Ces quelques pensées et sentiments qui s'élèvent en moi :

Éternel itinérant,

Ainsi voudrais-je me permettre de l'appeler comme mon ami Zwa…

Éternel itinérant,

Je ne l'avais pas bien connu,

Mais si mon ami Zwa l'aime tant,

C'est qu'il était un homme de bien,

Un bon et fidèle serviteur de notre Seigneur Jésus-Christ.

À l'éternel itinérant, l'Éternel dit assurément :

"Bon et fidèle serviteur du Dieu vivant

Entre dans la joie de ton Maître…"

Dans la Jérusalem céleste…

La ville-lumière…

La cité de l'éternel itinérant et de sa fille Ruth…

"La ville [qui] n'a besoin ni de soleil, ni de lune pour l'éclairer ;

Car la gloire de Dieu l'éclaire, et l'Agneau est son flambeau [...]

Ses portes ne se fermeront point le jour, car là il n'y aura point de nuit."(Ap 21.23-25)

"[...]. Le trône de Dieu et de l'Agneau sera dans la ville ;

Ses serviteurs le serviront et verront sa face,

Et son nom sera sur leur front." (Ap 22.3-4)

De l'éternel itinérant, le nouvel environnement :

"Voici le tabernacle de Dieu avec les hommes !

Il habitera avec eux, et ils seront son peuple,

Et Dieu lui-même sera avec eux ;

Il essuiera toute larme de leurs yeux,

Et la mort ne sera plus,

Il n'y aura plus de deuil, ni cri, ni douleur,

Car les premières choses ont disparu." (Ap 21.3-4)

"Heureux ceux qui lavent leurs robes, afin d'avoir droit à l'arbre
de vie,

Et d'entrer par les portes de la ville !" (Ap 22.14)

"Heureux dès à présent les morts qui meurent dans le Seigneur !

Oui, dit l'Esprit, afin qu'ils se reposent de leurs travaux,

Car leurs œuvres les suivent." (Ap 14.13)

Merci Seigneur pour le prêt

Momentané

De Ruth

Et de son papa Daniel.

Soli Deo Gloria !

Et nous disons tous : Amen !

– Amen ! »

Pierre Ezoua
Pasteur à l'Église Réformée de Tunisie
SG des GBU de Côte d'Ivoire (1992-1999)
Secrétaire itinérant des GBUAF (2001-2009)

BOURDANNÉ NE DOIT PAS MOURIR…

Ma tête tourne et continue de tourner à l'idée que mon ami et frère Bourdanné n'est plus. Pourtant j'ai fait à peu près cette prière à Dieu : « Ne laisse pas la maladie malmener ton serviteur sans répit. S'il te plaît, fais grâce à ton serviteur, afin que sa fatigue se repose au ciel de ta présence. » Je sais que le Seigneur l'a fait, souverainement. Mais je n'en suis pas moins perturbé, même si mon cœur est fermement attaché à l'espérance de la résurrection en Jésus-Christ.

Comme ma tête tourne et continue de tourner, j'ai pensé à une série télévisée : « Les Rosenberg ne doivent pas mourir[90]. » Je l'ai furtivement visionnée à Ouagadougou (Burkina Faso) où je résidais et où nous nous étions rencontrés, mon ami frère et moi à plusieurs reprises. Le couple Rosenberg est arrêté par le FBI, sur fond d'accusation « d'espionnage au service de [l'ex Union Soviétique] et de haute trahison ». C'était « en 1950, en pleine Guerre froide ». Condamné à mort « sans preuve sérieuse et dans un climat toxique général », l'histoire des Rosenberg « suscita l'indignation mondiale » comme celle du décès de mon ami et frère Bourdanné dont j'ai fait la rencontre historique en 1985.

La rencontre historique

J'ai rencontré Bourdanné pour la première fois à Lomé (Togo) au mariage de Djikolngar Maouyo et Ann Bennighof le 20 juillet 1985. Une coïncidence heureuse nous a permis de nous retrouver dans un taxi de brousse en partance pour Cotonou (Bénin). Il m'invita expressément et tout naturellement à lui rendre visite à Abidjan (Côte d'Ivoire) où il résidait, avec à l'appui le plan pour retrouver sa maison à Cocody dans l'enceinte d'INADES-Formation.

J'ai pu répondre à l'invitation cette année-là. J'ai voyagé à bord du train depuis Ouagadougou jusqu'à Abidjan. D'après le plan qu'il m'a fait sur le chemin de Cotonou, je suis descendu à la gare de Treichville

---

[90] Stellio Lorenzi et Roger Benamou (réalisateurs), *Les Rosenberg ne doivent pas mourir*, série télévisée, 1975, https://madelen.ina.fr/serie/les-rosenberg-ne-doivent-pas-mourir-2869 ?locale=fr.

où j'ai pris le bus 21 pour descendre aux portes de la RTI. J'ai longé le mur jusqu'à l'angle, j'ai tourné à droite et progressé en hauteur jusqu'à INADES-Formation, où il occupait une des villas avec Jean-Baptiste, un Camerounais et sa concubine de même origine. Nous avions passé de très bons moments ensemble ; nos relations avaient sans cesse progressé.

Comme pour terminer l'année en beauté, le Seigneur nous a donné une autre occasion de nous rencontrer à Explo'85, une grande conférence internationale sur l'évangélisation, organisée par Campus pour Christ International en décembre 1985 à Abidjan, au sortir de la guerre de Noël entre le Burkina Faso et le Mali. Je faisais partie de la délégation burkinabè en tant qu'un des représentants du GBU de Ouagadougou. Je me rappelle encore, avec admiration, le courage du pasteur Joël Ahadi Thiombiano, alors président du GBU de Ouagadougou, qui a su réunir les délégations burkinabè et malienne à cette conférence, pour un temps fraternel d'échanges et de prière en faveur de la paix. Séance tenante, il a demandé à la délégation malienne de se lever et de se rasseoir, puis à la délégation burkinabè de faire autant. Enfin, il a demandé aux enfants de Dieu de se tenir debout et toute l'assistance l'a fait par acclamation. Des accolades s'en sont suivies, un temps de prière aussi.

Je venais de temps en temps lui rendre visite d'un quartier à l'autre : de Cocody à Anyama, d'Anyama à la Riviera II[91] (au centre de l'appartement), du centre à l'ouest, de la Riviera II à la Riviera III, porte 6, de la porte 6 à la porte 124 et enfin de la Riviera III à sa propre villa au quartier Akouédo/Faya, d'où il partit pour le Royaume-Uni en 2007. Il me semble que c'est seulement dans cette propriété propre à lui que je n'ai pas pu passer un séjour.

Bourdanné faisait tout son possible pour mettre une ligne de démarcation entre nos relations personnelles et professionnelles. À chaque fois qu'il nous recevait à Abidjan pour une rencontre quelconque, il s'efforçait de me loger comme tous les autres collaborateurs dans le ministère parmi les élèves et étudiants. Un jour, il me demanda de l'accompagner pour faire les cent pas. Chemin faisant, je demandai à comprendre ce qui le préoccupait. Il me dit qu'il cherchait un endroit où me loger, parce que toutes les places réservées dans des familles

---

[91] J'ai offert comme un cadeau de mariage à mon épouse Aku, de rendre visite à Bourdanné et d'y passer un agréable séjour après notre mariage le 25 mai 1991.

étaient occupées. Il en était visiblement embarrassé. Je l'assurai que je m'accommoderais volontiers dans son bureau, à condition d'avoir une natte. Nous rebroussâmes chemin parce qu'il en était soulagé. À une autre occasion où les toilettes externes étaient toutes occupées à la Riviera III, porte 124, il me fit entrer dans le master house jusqu'à la douche interne et me permit de me doucher dans leur baignoire. Même si cette marque d'honneur m'embarrassa un peu à cause de son épouse Halymah, j'arrivais à me laver parce que le pasteur Ali Hamani Moussa m'avait fait faire cette expérience auparavant, lors d'une de mes visites de travail dans le cadre du GBU à Maradi (Niger). D'ailleurs, Halymah nous a adoptés dès le départ et a réussi à s'adapter à notre manière atypique d'être et de faire. Ces expériences pourtant rarissimes sont l'expression d'une identité propre au GBU.

Les dernières rencontres mémorables eurent lieu à l'assemblée mondiale de l'IFES à Bella-Bella (Afrique du Sud) et à la panafricaine des GBUAF à Cotonou (Bénin), respectivement en juillet et août 2019, puis à N'Djamena (Tchad) en décembre 2019 où Bourdanné me rendit visite à la maison. Il se plaignait : « Mon frère, j'ai mal au dos », à chaque fois que j'évoquais un quelconque projet commun. Longtemps auparavant, il était aussi des nôtres à la convention missionnaire.

La convention missionnaire

À l'époque où il était secrétaire itinérant des GBUAF, Bourdanné avait initié une sorte d'Urbana dénommée « convention missionnaire ». Il avait organisé la première édition à Conakry (Guinée), du 5 au 21 août 1994. Il en était l'orateur principal. Il y eut 33 participants de la Côte d'Ivoire et de la Guinée. Les quatre Ivoiriens refusèrent de donner le pourboire aux agents guinéens de sécurité qui le leur exigeaient en route. Alors ils les obligèrent à payer l'impôt à un tarif double, au motif qu'ils étaient des étrangers. À leur arrivée à Conakry, le comité d'organisation récupéra les tickets d'impôt qui leur étaient remis et leur versa la rançon qu'ils avaient payée. Les Burkinabè furent refoulés à la frontière guinéenne pour des raisons politiques. C'était à ce moment-là que Bourdanné perdit sa chère maman au Tchad. Il avait quand même conduit le programme comme il pouvait et c'était à moins d'une semaine de la fin qu'il demanda à partir. C'est donc comme au prix du décès de sa maman qu'il avait institué cette activité, car sa maman fut inhumée avant son arrivée au Tchad. Ce rendez-vous de la mission a finalement pris pied en Afrique de l'Ouest[92] et s'est développé au point de s'étendre à l'Afrique centrale[93], aux Grands Lacs[94] et aux îles de l'Océan indien[95]. La générosité en est un des mots-clés.

La générosité

Dans son élan de générosité, Bourdanné pensait beaucoup aux autres, quels qu'ils soient. Il a joué un rôle dans le processus du choix porté sur ma modeste personne pour faire partie du staff régional en 1993. Andria, qui m'a entre-temps observé en 1985 à Loumbila (Burkina Faso) quand j'animais un atelier autour du thème « Au temps du discernement », a probablement pris conseil auprès de lui. Il était très sensible à la souffrance des gens en proie à la maladie, conscient qu'il était lui-même mort d'une maladie à l'âge de trois ans avant de revenir à la vie, miraculeusement. Sa vie était pour lui un bonus de Dieu. En mai 1993, mon épouse Aku et moi partions en mission des GBUAF en Guinée via la Côte d'Ivoire. Bourdanné me suggéra : « Mon frère, laisse à maman Halymah et moi, ton épouse fragilisée par la maladie. Nous allons faire de notre mieux pour aider à ses soins. Nous aurions au moins essayé. » J'ai continué tout seul en Guinée à ce moment-là. Et ils s'étaient occupés d'elle pendant 45 jours, à leurs frais. Le diagnostic révéla la polyarthrite rhumatoïde. Bourdanné était très généreux, à l'exemple de la générosité de Dieu dont il avait lui-même le bénéfice depuis toujours. Il avait partagé avec moi 100 000 FCFA du prix de la théologie publique sans trouver nécessaire de me dire qu'il en était primé. Je l'ai appris plus tard. Un autre cheval de bataille était le leadership pour l'excellence.

Le leadership pour l'excellence

Bourdanné devint secrétaire itinérant des GBUAF en 1990. Il s'unit à Halymah par les liens sacrés du mariage à Niamey (Niger) en 1993. Il accéda au poste de secrétaire régional des GBUAF en marge

---

[92] Ayant rejoint l'équipe régionale en 2002, le Dr Pierre Ezoua qui faisait les fonctions de secrétaire itinérant en charge du département mission et évangélisation avait baptisé géo-stratégiquement cet événement majeur : Convention missionnaire de l'Afrique de l'Ouest (CMAO).

[93] Convention missionnaire de l'Afrique centrale (CMACEN I et II).

[94] Convention missionnaire de l'Afrique des Grands Lacs (CMAGRAL).

[95] Convention missionnaire de l'Océan indien (CMOI ; lire : CMOUA ou C'est moi).

de l'assemblée mondiale de l'IFES à Nairobi (Kenya) en 1995. Il se positionna dès l'entame de son leadership régional pour l'excellence ; « l'excellence dans les détails », disait-il. Et il fit du même coup la promotion du travail professionnel. Il fit publier à cet effet deux précieux outils de ministère : l'un, *Le don d'administrer : un guide pratique* (James F. Nyquist, PBA, 1996), l'autre, *Leadership pour l'excellence,* (Daniel Bourdanné, sous dir., PBA, 2002). La barre fut mise bien haut et la voie tracée, pour aboutir à la création du CACC à Abidjan en 2005. Ce centre offre une formation en leadership transformationnel et des programmes spécialisés, sachant que l'Afrique a besoin des leaders-serviteurs, qui non seulement refusent de subir leur situation, mais œuvrent efficacement à la transformer par l'action.

Bourdanné donnait par « sa taille de sahélien », comme le dirait Michel Kenmogne, l'allure de la girafe qu'on considère dans la dynamique de groupe, comme « celui qui veut se faire remarquer ». Or, il n'en était rien. Bourdanné prouva à suffisance le contraire par son humilité au-dessus de tout soupçon. Il était aussi intègre et à la limite perfectionniste, au point qu'il était parfois difficile à ses collaborateurs de le satisfaire. Quelques-uns en étaient frustrés et d'autres poussés à la démission. Ces valeurs et attitudes culminèrent au sommet de l'IFES, où Bourdanné assura les charges de secrétaire général de 2007 à 2019, par la mise en œuvre de la vision des pierres vivantes, avec un accent particulièrement mis sur la gouvernance et l'initiative étudiante. Ce qu'il y a de commun à Bourdanné et à la girafe, ce sont la taille et le milieu naturel : « La girafe vit dans les savanes du centre de l'Afrique[96]. » On la trouve donc au Tchad. Du Tchad au Royaume-Uni en passant par le Cameroun, le Togo et la Côte d'Ivoire, ce fut à Bella-Bella en Afrique du Sud, que pour la dernière fois, Bourdanné participa à l'assemblée mondiale de l'IFES, au cours de laquelle il passa le témoin, comme secrétaire général, à quelqu'un d'autre, comme le veut la dynamique *ubuntu*[97].

---

[96] Dictionnaire de l'Académie française, « Girafe », https://www.dictionnaire-academie.fr/article/A9G0721, consulté le 1er avril 2025.

[97] José Matumueni Kiendi, « L'*ubuntu* », dans *La Bible Étude, Perspectives africaines,* Saint Albain, France, PJA, 2022, p. 2054-2056.

La dynamique *ubuntu*

L'*ubuntu* est un label purement africain, c'est « l'humanité avec et vers l'autre ». Les Occidentaux s'inscrivent dans la dynamique individualiste de Descartes : « Je pense donc je suis. » Les Africains, quant à eux, sont dans la dynamique *ubuntu* de la vie communautaire : « Je suis parce que vous êtes, nous sommes parce que Dieu est. » Bourdanné était une vive expression *ubuntu*. Il ne s'intéressait pas à l'origine ni à l'ethnie de l'autre d'en face. À Amos Oumounabidji qui lui disait un jour qu'il est Gabri, il fit à peu près cette réplique : « Ça ne m'intéresse pas, le fait d'être frère me suffit largement. » Djikolngar (2015) en fait cette observation chez Daïdanso :

> Ce qui impressionnait chez lui c'était sa rencontre avec l'être humain. En sa compagnie, on avait un sentiment profond d'être enfin soi-même, une personne, sans considérations socioéconomiques ou ethniques. De quel groupe ethnique était-il ? Nous ne le savions pas, et cela pendant longtemps, et personne ne se posait une telle question parce que ce n'était pas une préoccupation en présence de Daïdanso[98].

Bourdanné savait élargir son cercle d'amis. Il ouvrait systématiquement les portes de ses relations à d'autres autour de lui et leur donnait la latitude d'y prendre librement une part active. Il mit à profit mon passage au Tchad en 1993 pour renouveler mon passeport, me demandant de tout faire pour passer rendre visite à sa famille à Carrière (Pala). J'en étais honoré, touché. Malheureusement, je n'avais pas pu m'y rendre pour des raisons indépendantes de ma volonté. Il m'y amena avec lui en décembre 2005 en passant par Torok où il me fit l'honneur de m'incliner sur la tombe de sa maman. Et quand le privilège m'était donné de 2005 à 2008 d'assurer les charges de secrétaire général par intérim de l'UJC du Tchad, j'avais réussi à m'y rendre, tout joyeux, à deux ou trois reprises. Tout se passa tant et si bien comme entre des personnes qui se connaissaient de longues dates. Il en était de même de sa belle-famille à laquelle je rendais visite de temps en temps au quartier Yantala, quand j'exerçais comme secrétaire itinérant des GBUAF avec résidence à Niamey et en même temps comme secrétaire général par intérim des Groupes Bibliques d'Élèves et Étudiants du Niger (GBEEN), de 1999-2002.

---

[98] Djikolngar Maouyo, « Sur les traces de son Seigneur », dans *Daïdanso, l'homme et l'œuvre*, sous dir. Abel Ndjerareou, Carlisle, Royaume-Uni, LivresHippo, 2015, p. 78.

Bourdanné avait également servi de tremplin à mon entrée dans la famille de Djikoloum Magourna. Comme les deux amis et frères s'appelaient intimement « aba », je me surpris en train d'appeler Djikoloum de la même manière, au point où sa femme Kesias me demanda si j'étais aussi du parti. Pourtant, je connaissais déjà Djikoloum au moment où il assurait les charges de secrétaire itinérant de l'UJC du Tchad dans les années 1981-1982. J'étais au comité de rédaction du journal *Espoir* de l'UJC de 1978 à 1981, puis au comité de coordination de N'Djamena de 1981 à 1982. Devenu chef de canton de Dormon Bakidja dans la Tandjilé-est à 35 km de Laï le 12 juin 2012, Djikoloum fut élevé à la gloire céleste le 9 avril 2024. Il laisse derrière lui Kesias, la veuve, et cinq grands enfants. Or, je venais d'apprendre avec consternation en mars 2024 qu'Adamou Adjalla, d'origine béninoise, un autre ami et frère à moi et à Bourdanné, aurait disparu mystérieusement dans la nature à Ouagadougou. Combien c'était déchirant pour moi d'être séparé de trois de mes amis et frères de taille en cette même année 2024 ! Heureusement, Dieu est l'excellent Père de grâce dont le secours ne manque jamais dans la détresse : il donne la paix dans la souffrance, la joie dans la douleur.

Conclusion

Quand Bourdanné devint secrétaire général de l'IFES en 2007, son staff régional paré en uniforme lui fit la surprise d'une soirée d'au-revoir, à la villa Bédoumra (Riviera Bonoumin) où le CACC était entre-temps logé. On habilla aussi Bourdanné et sa famille de la même tenue, séance tenante. Halymah pleura à chaudes larmes ce soir-là. En outre, pendant la journée de jeûne et prière organisée au même endroit, pour le problème de leurs visas de long séjour qui se posait, elle se demandait si Dieu exaucerait sa prière, parce qu'elle n'était pas préparée à quitter à l'Afrique. C'était une énigme que nous n'avions pas été capable de décrypter à ce moment-là. Elle aurait peut-être exprimé ses pressentiments, prophétiquement à son insu, dans la mesure où c'est hors de l'Afrique que son mari s'est éteint et a été inhumé. De plus, aucun membre dudit staff n'a pu être physiquement à ses côtés à ces moments douloureux.

Bourdanné ne devait pas mourir en dehors du Tchad, sa terre natale qui l'a « rejeté ». Bénie soit sa dernière terre de mission en Angleterre qui l'a accueilli, s'est occupée de ses soins et où il se repose de ses œuvres ! Béni soit le Dieu des cieux qui sait et voit tout, cela mieux que quiconque !

Ces paroles de Jésus à Marthe en donnent comme un écho : « C'est moi qui suis la résurrection et la vie. Celui qui met sa foi en moi, même s'il meurt, vivra ; et quiconque vit et met sa foi en moi ne mourra jamais [...] » (Jn 11.25-26, NBS). Saint-Augustin (354-430 apr. J.-C.) a écrit :

> Ne pleurez pas la perte d'un être cher comme le font les païens qui n'ont pas d'espérance. Nous, nous avons une espérance fondée sur la promesse de Dieu absolument certaine que nous n'avons pas perdu nos bien-aimés qui ont quitté cette vie. Nous les avons simplement envoyés nous précéder. Il est inévitable d'être attristé par la mort d'un être cher. Mais quand vous éprouvez de la tristesse, que l'espérance vous console. Quand nous quitterons à notre tour cette terre, nous les rejoindrons. Et quand nous les retrouverons, ils nous seront d'autant plus chers qu'ils nous étaient proches ici-bas. Et nous les aimerons sans crainte d'être à nouveau séparés[99].

Barka Kamnadj
Tchad

---

[99] Saint-Augustin, « Des retrouvailles définitives », en encadré, dans *La Bible Étude, Perspectives africaines*, Saint Albain, France, PJA, 2022, p. 1918.

CONCLUSION GÉNÉRALE

L'on ne finira jamais de parler de la vie et du ministère de Daniel Kadébé Bourdanné. Si un volume est consacré à ce sujet, il est exactement question de dessiner les grandes lignes du parcours de ce jeune serviteur, se permet-on de dire, afin d'orienter la méditation du lecteur sur ce que peut être l'emploi de temps prêté.

Alors qu'il quittait son village natal pour des nouveaux horizons d'où il ne retournera plus, le jeune Daniel serait en train de murmurer ces mots : « Mais je ne fais pour moi-même aucun cas de ma vie, comme si elle m'était précieuse, pourvu que j'accomplisse ma course avec joie et le ministère que j'ai reçu du Seigneur Jésus, d'annoncer la bonne nouvelle de la grâce de Dieu » (Ac 20.24, NEG). Il avait donc entamé ce voyage missionnaire sans retour physique mais fructueux. Il avait décidé que tout en lui glorifie le Seigneur, peu importe la circonstance.

Daniel évoqua par son comportement une des déclarations de l'apôtre Paul à un certain moment de sa vie, précisément pendant son incarcération : « ... Christ sera glorifié dans mon corps avec une pleine assurance, soit par ma vie, soit par ma mort » (Ph 1.20, LSG). Le missionnaire contemporain n'était pas en prison. L'éloquence de cette déclaration s'affiche dans son attitude à travers le testament qu'il a écrit. Son espérance est que l'Esprit lui donne la hardiesse nécessaire à la glorification du Christ. Il n'avait aucune anxiété pour lui-même, désirant seulement glorifier Christ. Sa préoccupation unique, le leitmotiv de sa vie, était qu'en toutes choses, Jésus soit glorifié en lui. Il ne s'inquiétait pas de ce qui allait lui arriver, mais plutôt de ce que serait son témoignage pour son Seigneur durant sa vie et au moment de sa mort. Il s'était occupé de l'essentiel. Tout son investissement était de construire de véritables gratte-ciels, non pas des maisons à étages mais des gratte-ciels constitués d'une nuée de jeunes arrachés des ténèbres à l'admirable lumière du Seigneur, par le ministère de « Gbussien » auquel il avait consacré toute la primeur de sa vie. Pendant qu'il se battait avec cette douloureuse maladie qui torturait son corps physique, c'était avec une lucidité déconcertante qu'il pouvait trancher avec l'embarras habituel quant au lieu des obsèques et d'inhumation de sa dépouille mortelle. Bourdanné a dû partir en mission.

Partir en mission et rester missionnaire

Cela fait penser étrangement à ce qu'a vécu le patriarche Abraham. Lorsque Dieu donna à Abram cet ordre de mission : «Va-t'en de ton pays, de ta patrie, et de la maison de ton père, dans le pays que je te montrerai» (Gn 12.1, LSG), Abram entama par la foi ce voyage de non-retour. Daniel était convaincu que Dieu l'avait envoyé en mission en Angleterre, il n'était pas question de retourner au Tchad de ses ancêtres pour le repos de ses restes. Et le testament ne reçut aucune contestation, non pas parce que c'est un testament mais simplement parce que c'est cohérent. La mesure d'accompagnement, c'est de s'assurer que la tombe de ce missionnaire tchadien ne devienne pas un lieu de pèlerinage. Et c'est justement pour éviter ces genres de voyages non absolument nécessaires, que ce livre est conçu et publié, pour être placé partout et servir de source d'encouragement et d'inspiration, pour les jeunes qui voudront consacrer leur vie au service du Maître. L'on ne peut imaginer le nombre de vocations que la vie et le ministère de ce missionnaire ont suscitées. Sur le sillage de ses pères, j'allais dire de ses pairs qui ont initié ce mouvement biblique ayant fait une traînée de poudre à travers l'Afrique et le monde, le jeune homme de Kadébé avait entraîné une jeunesse au niveau mondial à l'étude de la Parole de Dieu et au témoignage en milieu académique et professionnel. Partout où l'on parlera de l'IFES, on mentionnera avec fierté le témoignage de celui-ci. Du Tchad en Angleterre en passant par le Togo et la Côte d'Ivoire, l'homme avait laissé des traces éloquentes, des traces indélébiles. Si tous avaient l'occasion d'écrire un témoignage sur la vie de cet homme, l'on ne saurait imaginer le volume de l'ouvrage qui serait conçu. Fort heureusement, un volume et une date butoir ont été imposés pour fins de parvenir au volume actuel. Certains sont contraints de dire avec une rare brièveté ce qu'ils ont vécu aux côtés de Bourdanné. Le volume est constitué notamment de quelques traces historiques de son enfance, notamment la manière surnaturelle dont il avait échappé à la mort prématurée au village, à la guerre civile de 1979 à N'Djamena, mais aussi sa vocation au saint ministère, ses premiers pas dans le ministère des GBUAF, d'abord avec la base en Côte d'Ivoire, son accession au niveau international à l'IFES en Angleterre, sa vie de véritable pasteur du troupeau mondial, son attitude face à la mort qui menaçait sa vie physique et la manière dont il rendit son âme en disant pratiquement, comme Jésus : « Père, je remets mon esprit entre tes mains », avant d'expirer calmement devant sa brave compagne Halymah, chargée de poursuivre avec les enfants, le ministère en Grande-Bretagne, par une présence courageuse.

L'homme est promu à la gloire

La parenthèse de sa vie terrestre reste ouverte, parce que son témoignage continuera de canaliser les jeunes, particulièrement dans la voie de la justice. Cela est d'autant plus vrai lorsque spontanément des programmes de lecture des ouvrages produits par celui-ci se déroulent au Tchad sous l'égide de l'EEMET, et le meeting de l'UEESO de Cocody en décembre 2024 n'en constitue que des débuts d'activités non de commémoration, mais d'édification d'une jeunesse qui osera donner de sa vie pour l'œuvre du Maître. Ce ne sont que des exemples de manifestations de reconnaissance envers le Seigneur qui nous a prêté cet homme et qui a décidé dans sa souveraineté de le reprendre. En vérité, c'est de notre jeunesse que le Roi des rois a besoin pour son œuvre. Le serviteur de Dieu avait suscité plusieurs vocations au service du Seigneur par sa vie pendant qu'il fit jour.

Comme Jésus, servir pendant qu'il fait jour...

Oui, « Il faut que je fasse, tant qu'il fait jour, les œuvres de celui qui m'a envoyé ; la nuit vient, où personne ne peut travailler » a déclaré Jésus (Jn 9.4, S21). C'est ici une invitation pour Jésus à saisir les occasions qui se présentent à lui pour accomplir les œuvres du Père. Lorsque l'on parvient à comprendre très tôt le but pour lequel le Seigneur nous fait venir ou nous laisse en vie sur la terre des vivants, c'est ainsi que l'on se comporte. Bourdanné comprit qu'il n'avait pas l'éternité à vivre sur cette terre mais à y prêcher l'éternité. C'est fait ! En effet, la durée de la vie et de l'activité d'un homme est souvent comparée à celle d'une journée de travail. L'occasion de faire une bonne œuvre peut se présenter aujourd'hui et ne pas se renouveler demain. La « nuit » désigne ici la mort corporelle. Elle frappe tous les hommes. Une fois morts, nous ne sommes plus en mesure d'accomplir quoi que ce soit, à moins de le faire faire autrement[100]. Il n'avait pas négligé ce que Dieu lui donna à faire. Notre vie ne dure qu'un « jour », pendant lequel nous devons exécuter les tâches qui nous sont assignées. Nous

---

[100] Lorsque, par exemple, notre témoignage peut motiver d'autres à servir après nous.

devons employer ce temps à bon escient et ne pas le gaspiller. Voilà donc un rappel solennel !

Un rappel solennel pour tout chrétien

La vie passe rapidement et la nuit vient où nous ne pourrons plus rien accomplir pour Dieu. En conséquence, employons le temps qui nous est imparti pour servir le Seigneur « avec zèle, amour et foi », comme l'a correctement fait le missionnaire de Kadébé, ainsi que le suggère la quatrième strophe du chant « La voix de Christ nous appelle » :

> Mais que nul ne nous entende
>
> Dire encore : « Je ne puis rien ! »
>
> Lorsque Jésus nous commande
>
> De faire et d'aimer le bien.
>
> Poursuivons l'œuvre bénie
>
> Avec zèle, amour et foi,
>
> Puis, notre tâche finie,
>
> Nous dirons : « Maître, prends-moi ! »[101]

Nul n'aura l'audace de contester le fait que cette strophe rime parfaitement avec la fin de la vie de l'homme que nous pleurons à la manière des héros de la foi, sachant qu'on ne pleure pas les héros, on les célèbre.

Puisse cet ouvrage inspirer quiconque sait faire une lecture fructueuse ! Bonne méditation à toutes et à tous !

Daniel Gadmadji
Pasteur à l'Église évangélique du Tchad (EET)
Doctorant en théologie pratique
à l'Université de l'alliance chrétienne d'Abidjan (UACA)
Tchad

---

[101] « La voix de Christ nous appelle », dans Chants de Victoire n° 157.

TABLE DES MATIÈRES